MÉMOIRES

DU

CONGRÈS INTERNATIONAL
DES ORIENTALISTES

1re SESSION — PARIS — 1873

III

ACHEVÉ D'IMPRIMER LE TRENTE ET UN AOUT 1876,

Avec les types Orientaux

DE LA REVUE ORIENTALE ET AMÉRICAINE

CHEZ MADAME VEUVE BOUCHARD-HUZARD,

Rue de l'Éperon, 5,

A PARIS.

CONGRÈS

INTERNATIONAL

DES

ORIENTALISTES

COMPTE-RENDU

DE LA

PREMIÈRE SESSION

PARIS — 1873

TOME TROISIÈME

PARIS

MAISONNEUVE ET CIE, ÉDITEURS

LIBRAIRES DU CONGRÈS INTERNATIONAL DES ORIENTALISTES

25, QUAI VOLTAIRE

—

1876

CONGRÈS INTERNATIONAL

DES ORIENTALISTES.

1er CONGRÈS. — ÉTUDES JAPONAISES

A PARIS, EN 1873.

PROJET DE CONGRÈS.

(1re Circulaire. — 7 Janvier 1873.)

'importance qu'ont prise les études japonaises depuis ces dernières années a rendu opportune la réunion d'un Congrès dans lequel les japonistes, et toutes les personnes qui s'occupent du Japon à un titre quelconque, pourront échanger leurs idées et s'entendre sur les questions d'intérêt général pour leurs études.

En conséquence, nous avons l'honneur d'inviter les personnes qui s'intéressent aux études japonaises à s'associer à l'idée du Congrès que nous avons projeté.

Un Comité d'organisation est en voie de formation, et les

adhésions déjà reçues des divers centres scientifiques de l'Europe nous permettent d'annoncer notre projet comme définitivement arrêté et en voie de réalisation.

Le Comité prépare, en ce moment, les Statuts du Congrès et centralise les propositions destinées à figurer à l'ordre du jour du Congrès dont la durée pourrait être fixée à huit jours. Les cinq premiers seraient employés pour la séance solennelle de l'ouverture des travaux, pour l'audition des lectures et communications, et pour la lecture des rapports qui seraient ordonnés par le Congrès sur des questions de son ressort. Les trois derniers jours seraient employés à discuter des questions d'intérêt général pour l'Orientalisme, et à arrêter, s'il y a lieu, pour une année ultérieure, la préparation d'un nouveau Congrès des Orientalistes qui serait tenu dans une ville de l'étranger choisie par la majorité des votants.

Nous nous ferons un devoir d'adresser prochainement aux personnes qui nous auront honorés de leur adhésion un Programme détaillé renfermant, outre la liste des Membres adhérents dans les diverses contrées des deux mondes, la mention des premières questions à soumettre aux délibérations du Congrès. C'est vous dire que nous accueillerons avec un vif intérêt toutes les idées que vous voudrez bien nous communiquer à cet égard.

En attendant, voici quelques sujets de discussion que nous nous proposons de mettre à l'ordre du jour s'ils sont appuyés par les personnes auxquelles nous faisons appel :

1° Quels sont les monuments de la Littérature japonaise qu'il y aurait le plus d'utilité à traduire en ce moment, et quels sont les secours philologiques pour en entreprendre la publication ?

2° Proposition tendant à établir une Orthographe unique pour la transcription européenne des textes japonais;

3° Recherche des documents de nature à faciliter l'intelligence des Textes spéciaux, scientifiques, littéraires ou industriels des Japonais;

4° Examen du mouvement actuel de la civilisation japonaise et de ses rapports avec la civilisation européenne;

5° Des caractères de l'Art japonais aux différentes époques, et de la méthode à suivre pour les étudier;

6° Dans quelle mesure la littérature actuelle japonaise, fortement saturée d'idées européennes, a-t-elle de l'intérêt pour l'Europe; et pouvons-nous penser que les progrès réalisés par les savants japonais seront de nature à contribuer au mouvement scientifique des peuples de l'Occident?

Les personnes qui s'intéressent à notre idée pourront nous adresser une simple adhésion ou, s'ils veulent bien contribuer dès à présent au succès de notre entreprise, se faire inscrire comme membres du Congrès, en envoyant au trésorier, 48, *rue Monsieur-le-Prince, à Paris*, un mandat de 12 francs à titre de cotisation.

Ce versement leur donnera droit à une carte de membre et au volume dans lequel seront publiés les travaux du Congrès.

Il est bien entendu qu'on peut faire partie du Congrès sans se rendre à Paris à l'époque des séances, en justifiant seulement qu'on s'intéresse aux questions relatives au Japon.

Le Comité d'organisation espère obtenir de diverses compagnies de chemin de fer des billets réduits pour les membres du Congrès qui voudront bien se rendre à ses séances.

Les membres du Comité provisoire d'organisation :

LÉON DE ROSNY, professeur de japonais à l'École spéciale des langues orientales; le marquis D'HERVEY DE SAINT-DENYS, suppléant du cours de chinois au Collége de France; EMILE BURNOUF, le capitaine LE VALLOIS, LOUIS DE ZIÉLINSKI, JULIEN DUCHATEAU, élèves de l'École des langues orientales pour le japonais; JULES OPPERT, professeur près le Collége de France, président de l'Athénée oriental; PAUL ORY, ingénieur civil; CH. LECLERC, libraire-éditeur pour les langues orientales.

Le Congrès international des orientalistes a été définitivement arrêté le 4 mars 1873, et une commission de vingt membres a été constituée sous le titre de Comité national d'organisation pour prendre toutes les mesures nécessaires à la réalisation de ce projet. A la même réunion, les Statuts du Congrès ont été adoptés, et le bureau du Comité national d'organisation a été élu par les premiers adhérents ou membres fondateurs.

PREMIER CONGRÈS

CONSACRÉ

AUX ÉTUDES JAPONAISES

devant avoir lieu à Paris, au mois de Septembre 1873.

STATUTS

APPROUVÉS PAR LE COMITÉ NATIONAL D'ORGANISATION.

(2e Circulaire. — 4 Mars 1873.)

Art. Ier.

Le premier Congrès international des Orientalistes sera ouvert à Paris le 22 juillet 1873. Sa durée sera de huit jours : les cinq premiers seront consacrés à l'étude des questions relatives à la langue, à la littérature et à l'histoire de la civilisation japonaise; les séances de cette première période auront, en outre, pour but de mettre en rapport les japonistes des différents pays, de discuter un projet de système unique pour la transcription des textes japonais et de visiter les principales collections conservées au siége du Congrès.

ART. II.

Feront partie de ce Congrès et auront droit à toutes ses publications les personnes qui en feront la demande, en y joignant la somme de 12 francs, montant de la cotisation.

ART. III.

Durant la période qui précédera l'ouverture du Congrès, deux Comités seront élus par les premiers adhérents pour préparer son installation : le premier, le Comité de patronage, sera composé de 26 membres, et le second, le Comité national d'organisation, de 20 membres.

ART. IV.

Le Comité d'organisation élira le président provisoire et le trésorier définitif du Congrès. Il prendra, en outre, toutes les mesures nécessaires pour assurer l'installation du Congrès et répondre à la correspondance qu'il aura motivée.

ART. V.

Le Comité d'organisation est, en outre, chargé d'expédier les lettres de convocation, de recueillir et de centraliser les adhésions, de délivrer les cartes de membre, de publier et de distribuer à l'avance le programme des séances, et de prendre, en un mot, tous les soins matériels relatifs à l'organisation du Congrès et à la tenue de ses séances.

ART. VI.

Au commencement de la première séance du Congrès, l'Assemblée élira les membres du bureau définitif, ainsi que les membres du Conseil.

Art. VII.

Le Conseil statuera définitivement sur toutes les demandes de communications qui n'auront pas été adressées avant l'ouverture des travaux.

Art. VIII.

Dans les trois dernières séances de la Session, le Congrès sera invité à examiner les questions d'intérêt général qui touchent aux diverses branches de l'orientalisme; enfin il sera appelé, dans la dernière réunion, à décider s'il y a lieu de réunir un nouveau congrès et à choisir la branche des études orientales à laquelle il serait spécialement consacré.

Art. IX.

Dans le cas où l'Assemblée jugerait à propos de décider en principe une série de congrès successifs, ces congrès ne pourront être tenus deux fois de suite dans le même pays. Il appartiendra à l'Assemblée d'arrêter, sur la proposition du Conseil, dans quelle ville aura lieu le nouveau Congrès et de choisir, parmi les savants résidant dans ce pays, le président de la Session future et plusieurs autres savants nationaux chargés de le seconder.

Art. X.

L'Assemblée élit, en outre, plusieurs savants des divers pays représentés au Congrès, à l'effet de recueillir des adhésions en faveur de la Session projetée.

Art. XI.

Le Congrès nomme, à la fin de sa seconde séance, une Commission chargée d'examiner les comptes du trésorier.

ART. XII.

La publication des travaux du Congrès est confiée à une Commission choisie parmi les membres appartenant à la nation où a lieu le Congrès.

ART. XIII.

Une fois toutes les dépenses de la Session acquittées, le reliquat est porté à l'actif de la Session suivante et remis entre les mains de son trésorier le jour de l'ouverture des travaux.

ART. XIV.

Les livres, manuscrits ou autres objets divers offerts au Congrès, sont acquis au pays où la Session a eu lieu ; leur destination est déterminée par le Comité d'organisation.

ART. XV.

Les présents Statuts, formant le pacte social auquel auront adhéré les membres du Congrès de 1873, ne pourront être modifiés pendant la durée de cette Session ; mais l'Assemblée sera invitée à procéder à leur révision si une série de congrès successifs est décidée en principe.

Paris, 4 mars 1873.

LÉON DE ROSNY, professeur à l'École spéciale des langues orientales, président de la Société d'Ethnographie;

JULES OPPERT, professeur près le Collége de France, président de l'Athénée oriental;

GESLIN, architecte et peintre, ancien inspecteur au Musée du Louvre;

LE VALLOIS, capitaine du Génie;

CHARLES LECLERC, libraire-éditeur pour les langues orientales, à Paris.

CONGRÈS INTERNATIONAL DES ORIENTALISTES.

1er CONGRÈS — 1873 — A PARIS.

(3e CIRCULAIRE. — 11 MARS 1873.)

Travaux de la première période consacrée aux études japonaises.

(Ouverture le lundi 1er septembre 1873.)

La première période de ce Congrès commencera le 1er septembre et sera close le 5 du même mois; elle sera spécialement consacrée aux études japonaises (japonais, chinois, coréen, loutchouan, aïno). La seconde période, consacrée aux autres branches des études orientales, commencera le lendemain 6 septembre.

Toute personne s'intéressant aux études orientales en général et aux divers ordres de questions relatives au Japon, à sa langue, à sa littérature, à son histoire, à ses arts, à son industrie et à son commerce, peut être membre de ce Congrès en faisant, dès à présent, demande d'une carte au Comité national d'organisation ou à ses correspondants à l'étranger.

On devra joindre à cette demande une note indiquant d'une manière lisible :

1° Les nom et prénoms; — 2° la qualité; — 3° l'adresse exacte; — 4° la somme de 12 francs, montant de la souscription.

Les personnes qui auront demandé des cartes de membres ne sont point tenues de se rendre à Paris, et pourront recevoir à leur domicile toutes les publications et documents émanant du Congrès.

Celles qui auront l'intention de se rendre à Paris sont priées d'en informer sans délai M. JULIEN DUCHATEAU, trésorier, 48, rue Monsieur-le-Prince, de façon à obtenir des cartes qui (le Comité d'organisation l'espère) permettront de voyager à prix réduit sur divers chemins de fer. Le Comité s'occupera également de trouver des logements à ses membres dans des conditions aussi avantageuses que possible et d'après les instructions qu'il aura reçues. MM. les membres qui voudraient faire des communications au Congrès sont priés d'en informer le Comité avant le 15 août.

Toutes les communications relatives aux travaux du Congrès doivent être adressées, 48, rue Monsieur-le-Prince, à Paris.

Travaux de la 2e période consacrée aux diverses branches des études orientales.

(Les 6, 8 et 9 septembre 1873.)

Conformément à l'article Ier des Statuts du Congrès de 1873, les séances du 1er au 5 septembre seront consacrées aux études japonaises (japonais, chinois, coréen, aïno, loutchouan).

Les travaux de la seconde période comprendront les branches suivantes des études orientales :

1° Etudes égyptiennes (textes hiéroglyphiques, etc.) ; — 2° études assyriologiques (inscriptions cunéiformes); — 3° études sémitiques ; — 4° études indiennes, iraniennes et dravidiennes ; — 5° études néo-helléniques et arméniennes ; — 6° études tartares, indo-chinoises et océaniennes.

Des Comités spéciaux sont en voie de formation pour préparer les travaux relatifs à ces six sections des études orientales. Les personnes qui feront partie du Congrès peuvent demander à être inscrites comme membres d'un ou de plusieurs de ces Comités.

EXTRAIT DU REGISTRE
DES ACTES DU COMITÉ NATIONAL D'ORGANISATION.

Le président propose de nommer, à l'étranger, cent correspondants pour recueillir des adhésions. Ces correspondants auront droit aux *Actes* du Congrès, mais non au volume des *Mémoires*, à moins qu'ils ne se fassent inscrire comme membres du Congrès. Ils seront désignés par les Comités locaux dans les pays où ces comités fonctionnent déjà. Il est décidé que leur nomination dans les autres contrées sera faite par le Comité national d'organisation.

Le Comité, voulant conserver la plénitude de ses pouvoirs, décide qu'il se constitue en permanence, et qu'il se réunira en séance générale, tous les samedis, à 8 heures du soir. Il délibérera, dans ces séances, sur toutes les questions qui pourraient être soulevées dans l'intérêt du Congrès. Les membres présents s'engagent à une rigoureuse exactitude à ces séances hebdomadaires. (*Séance du* 17 *mai* 1873.)

Le président donne lecture d'un projet d'ordre du jour pour les séances du Congrès. (Voy. p. XXVII). Ce projet est approuvé, et le Comité décide qu'il sera imprimé dans le plus bref délai possible. (*Séance du* 7 *juin* 1873.)

Le secrétaire demande qu'aucun membre du Comité ne fasse des démarches auprès des savants et des sociétés à l'étranger, sans s'être, au préalable, entendu à cet effet avec le président. Cette proposition est adoptée.

Le président annonce au Comité que de nombreuses observations ont été faites, surtout à l'étranger, au sujet de la date du 22 juillet, fixée pour l'ouverture du Congrès. Cette époque est généralement celle des examens ; et, par suite, beaucoup de professeurs se trouveraient dans l'impossibilité d'assister aux séances. On propose, en conséquence, de remettre le Congrès à une date plus éloignée, au lundi 1er septembre, par exemple, afin de ne pas faire coïncider les séances avec celles de l'Association française pour l'avancement des sciences, qui doivent se tenir à Lyon du 22 au 29 août prochain. M. Chodzko appuie violemment cette demande de prorogation. M. Oppert s'y oppose à cause des autres congrès qui pourraient avoir lieu vers le 1er septembre. M. Delamarre n'est pas hostile, en principe, à la prorogation, mais il voudrait qu'elle ne fût que d'une quinzaine de jours. Après quelques observations de MM. de Rosny et de Montjau, la date du 1er septembre est mise aux voix et adoptée à la majorité de 10 voix contre 3. (*Séance du 13 juin 1873.*)

Le président annonce que le Ministre des Travaux publics a mis à la disposition du Congrès plusieurs salles du Palais de l'Industrie, pour y installer l'Exposition artistique du Congrès. M. de Longpérier, qui a bien voulu étudier cette question, estime à 2,000 fr. les premiers frais qu'entraînera l'ouverture de cette Exposition, tels que transports d'objets, vitrines, gardes de jour et de nuit, etc.

Cette dépense étant relativement considérable, le Comité en remet l'examen à huitaine, et décide que les membres actuellement absents seront convoqués pour la prochaine séance, par le secrétaire, qui indiquera, dans les lettres d'avis, l'objet principal de cette convocation. (*Séance du 26 juillet.*)

L'ordre du jour appelle la discussion du crédit nécessaire à l'Exposition ; le chiffre de ce crédit est réduit de 2,000 fr. à 1,000 fr. Plusieurs membres font observer que, dans l'espace de quatre à cinq semaines, qui sépare de l'ouverture du Congrès, il est très-difficile de réunir les matériaux indispensables pour faire une exhibition intéressante, surtout si l'on veut être sévère dans le choix des objets à exposer. D'un autre côté, au point de vue de la dépense, le chiffre de 1,000 fr. est tout à fait insuffisant pour couvrir les frais de toute nature qui sont à prévoir. Après une courte discussion dans laquelle diverses opinions sont émises, le président fait observer que cette exposition ayant été admise en principe, il faut que le Comité se prononce sur la question suivante : « L'Exposition, en la supposant possible, est-elle désirable? » Le vote donne une réponse affirmative. Le président met alors de nouveau aux voix la demande d'un crédit de 1,000 fr. pour faire face aux frais de l'Exposition : cette demande est rejetée. Un membre propose alors d'ouvrir une souscription particulière pour couvrir ces dépenses : cette idée est repoussée comme ne pouvant pas amener à un résultat pratique.

M. Halévy, en présence du vote qui a rejeté le crédit de 1,000 fr. comme insuffisant, demande si avec 2,000 fr. on ne pourrait pas organiser l'Exposition. Sur la réponse affirmative de la Commission de l'Exposition, le crédit de 2,000 fr. est mis aux voix et accordé. (*Séance du 2 août.*)

Le Comité nomme une Commission chargée de proposer des récompenses en faveur des ouvriers qui auront rendu des services aux études orientales. Cette commission est composée de MM. Rochet, président; Geslin, Schœbel. (*Séance du 9 août.*)

Règlement des séances.

ART. 1er. L'ordre du jour de chaque séance est préparé par un délégué du Comité national et arrêté par le président, après avoir pris l'avis du bureau. Il est affiché dans la salle des séances.

ART. 2. Les communications verbales auront toujours la priorité sur les communications écrites. Elles ne devront pas durer plus de 10 minutes, à moins que l'assemblée n'en décide autrement.

Art. 3. Dans le cas où le temps ne permettrait pas l'audition d'un mémoire spécialement destiné à une séance, leur auteur ou un membre chargé de le remplacer en son absence sera invité à le déposer sur le bureau en en faisant connaître succinctement le caractère et le but. Cette communication ne devra pas durer plus de 5 minutes, à moins d'un avis contraire de l'assemblée.

Art. 4. Le président qui voudra faire une communication devra céder le fauteuil à un vice-président pendant qu'il prendra la parole.

Art. 5. Si l'assemblée juge à propos d'entendre une communication dans une langue étrangère, elle devra, après avoir obtenu l'adhésion du président, désigner préalablement un secrétaire comprenant la langue de l'orateur, à l'effet de rédiger la partie du compte-rendu de la séance relative à cette communication.

Art. 6. Toute communication non inscrite sur l'ordre du jour ne pourra être faite qu'autant que le Conseil aura décidé de son opportunité. Dans tous les cas, une communication non annoncée pourra être déposée sur le bureau, mais la mention de son titre pourra seule être faite à l'assemblée, à moins que le Conseil n'en ait décidé autrement.

Art. 7. Tout incident inattendu devra être immédiatement renvoyé à l'examen du Conseil. Aucune discussion à son égard ne pourra avoir lieu avant que celui-ci ait jugé de son opportunité.

CONGRÈS INTERNATIONAL DES ORIENTALISTES.

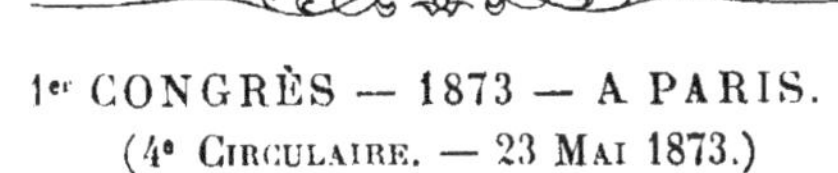

1er CONGRÈS — 1873 — A PARIS.
(4e CIRCULAIRE. — 23 MAI 1873.)

SECTION JAPONAISE

PROJET DE PROGRAMME.

La première circulaire du Comité national appelait à ce Congrès tous les japonistes et aussi *toutes les personnes* qui, à *un titre quelconque*, désirent échanger leurs idées sur le Japon, et s'entendre sur diverses questions d'intérêt général pour leurs études relatives à ce pays.

Notre appel a été compris, et nous avons la satisfaction d'annoncer que nos listes de souscriptions et d'adhésions se grossissent, non-seulement des noms de la majorité des japonistes et des orientalistes de profession, mais encore des noms de beaucoup de savants appartenant à toutes les branches des sciences philosophiques, positives, historiques, littéraires, politiques, industrielles et commerciales.

1° Médecins, naturalistes, géographes, ethnographes, géologues, minéralogistes, astronomes, mathématiciens, etc...

2° Philosophes, artistes, littérateurs, touristes, collectionneurs d'objets d'art, historiens, etc...

3° Economistes, financiers, industriels, négociants, agronomes, officiers de terre et de mer, etc...

Sur la demande de nombreux souscripteurs de ces diverses catégories, notre programme s'élargit aujourd'hui de façon à mieux répondre — d'une part — à la curiosité des nations de race occidentale, avides de connaître l'Empire du Soleil-Levant, son état actuel, ses ressources et ses besoins, — d'autre part à l'empressement enthousiaste de cet Empire, qui se jette dans les voies de notre civilisation et nous demande nos langues, nos sciences, nos industries, nos philosophies religieuses et sociales, nos systèmes administratifs, nos produits de toute espèce.

En conséquence, nous nous proposons de soumettre au Congrès de nouvelles questions dont voici l'énoncé et toutes autres qui pourraient être communiquées au Comité national d'organisation avant le 15 août prochain :

Quelle était la constitution politique, religieuse, sociale du Japon avant la dernière révolution.

Quel est le caractère politique, philosophique, religieux, social de cette révolution.

Quels sont les résultats de cette révolution au point de vue des relations diplomatiques, de la vie sociale et intellectuelle au Japon, et au point de vue financier.

Méthode civilisatrice du gouvernement japonais.

Résultats actuellement obtenus par cette méthode, et progrès probables.

Diplomates, voyageurs et étudiants japonais en Europe et en Amérique.

Education européenne au Japon pour l'armée, la marine, la magistrature, l'administration, le commerce, l'industrie, les arts et les sciences.

Condition actuelle et éducation des femmes japonaises.

Action des gouvernements européens et nord-américains dans la transformation qu'opère le Japon sur lui-même.

L'industrie et le commerce européens et leurs représentants au Japon.

De la sériculture au Japon, et de la recherche des moyens d'obtenir la meilleure graine de vers à soie dans les lieux de production et dans les marchés ouverts aux Européens.

RAPPORT

AU COMITÉ NATIONAL D'ORGANISATION

SUR UN PROJET DE PROGRAMME

POUR LES

TRAVAUX DU CONGRÈS DE 1873.

MESSIEURS,

ous avez bien voulu renvoyer à notre examen diverses propositions qui vous ont été adressées, à l'effet de régler l'ordre du jour des seize séances qui doivent composer la première session du Congrès international des Orientalistes. Avant de vous rendre compte du résultat de nos études à cet égard, nous croyons de notre devoir de rappeler dans quelles circonstances s'est développée l'idée de la grande réunion de savants pour l'organisation de laquelle vous avez jugé à propos de vous constituer en permanence.

Au commencement de cette année, M. Léon de Rosny s'adressa aux principaux représentants de la philologie japonaise pour les inviter à s'entendre, à l'effet d'établir un système unique de transcription scientifique des différents genres de textes usités au Nippon. La bienveillance avec laquelle cette proposition fut accueillie engagea son auteur à convoquer à Paris un Congrès qui aurait pour but de mettre en rapport les savants japonistes des diverses contrées, et de discuter un certain nombre de problèmes relatifs à la langue, à l'origine, à l'histoire et à la civilisation des insulaires de l'extrême Orient. Ce projet de congrès réunit bientôt les adhésions sympathiques des savants faisant autorité dans la matière ; et sur la liste qui fut ouverte à cet effet vinrent successivement figurer les noms de MM. François Turettini, de Genève; Léon Metchnikoff, de Kharkow, en Ukraine; J. Hoffmann, de Leyde; Antelmo Severini et Carlo Puini, de Florence; Valenziani, de Rome; Weill-Schott, de Milan; August Pfizmaier, de Vienne; Addison van Name, de New-Haven (États-Unis), etc., etc.

Fort d'un pareil appui, le Comité national d'organisation, constitué par les adhérents français, publia une première circulaire dans laquelle il fit appel à toutes les personnes qui s'intéressent aux études japonaises, pour les inviter à contribuer au succès du congrès projeté, en fournissant à ses fondateurs les moyens d'en publier les travaux.

Cette première circulaire provoqua, de la part des savants français et étrangers, une nombreuse correspondance dans laquelle on insistait sur la nécessité d'élargir le cadre du Congrès, et d'admettre, dans le programme de ses travaux, des recherches relatives à toutes les branches de l'Orientalisme sans exception. D'ailleurs, vous avez répondu avec raison qu'il n'était pas possible, dans l'espace de temps fixé en général pour les Congrès, de s'occuper avec fruit de toutes les branches des études orientales, et d'assurer à leurs représentants les moyens de produire, même de la façon la plus sommaire, les résultats les plus importants de leurs investigations.

Une objection sérieuse vous a cependant décidés à ne pas réduire aux seules études japonaises le domaine des travaux de ce premier Congrès. On vous a observé, avec raison, que l'article VIII de vos Statuts prévoyait l'éventualité d'une série de sessions successives ; il était donc indispensable de réunir à Paris des Orientalistes de toutes les spécialités, afin de pouvoir choisir, avec connaissance de cause, la branche de la littérature orientale qui ferait l'objet principal du second Congrès.

Par ces considérations surtout, vous avez décidé que la première session du Congrès des Orientalistes comprendrait seize séances, dont les sept premières seraient consacrées aux études japonaises, qui feront, cette année, le sujet principal de nos recherches, et que les neuf séances suivantes seraient réparties entre les autres branches de l'Orientalisme.

Neuf séances seraient tout à fait insuffisantes pour répondre aux intérêts scientifiques de tous les représentants des études orientales, s'il s'agissait seulement d'explorer d'une manière générale chacun des vastes domaines livrés aux labeurs de l'érudition. Elles suffiront amplement, nous l'espérons, pour indiquer dans quelle voie peuvent être dirigés les efforts de vos successeurs.

D'ailleurs, vous ne vous êtes jamais dissimulé que l'idée d'une série de Congrès des Orientalistes avait besoin d'être mûrie plus que vous ne pouviez le faire dans les circonstances où cette idée est née et s'est développée au milieu de vous. Il appartiendra à ceux qui accepteront la noble tâche de continuer votre œuvre, de la perfectionner, et de réparer par une sage économie les lacunes que vous n'aurez pas même pu tenter de combler.

Toutefois, pour mettre l'assemblée de vos membres à même de donner une base définitive au projet de congrès successifs que vous soumettez à l'appréciation des savants de tous les pays éclairés, vous avez décidé que des rapports sur les progrès des principales branches de l'orientalisme seraient confiés à quelques-uns de vos membres, à l'effet de mettre chacun à même de décider, en contemplant le chemin parcouru dans chaque voie, de quel côté il est désirable de provoquer le plus d'efforts pour approcher du but. Ces rapports, à moins de devenir autant de volumes distincts, ne pouvaient avoir la prétention de retracer l'histoire des travaux de l'orientalisme depuis les temps les plus reculés jusqu'à nos jours. La publication, par ordre de M. Victor Duruy, alors ministre de l'Instruction publique, d'une série de comptes rendus des progrès des sciences jusqu'à l'époque de notre grande Exposition universelle de 1867, vous a engagés à choisir cette date mémorable, comme le point de départ des rapports qui vous seront présentés.

Le projet de programme que nous avons l'honneur de soumettre à votre approbation, et à la collaboration duquel plusieurs savants membres du Congrès ont bien voulu participer, se signale tout d'abord par quelques lacunes que nous eussions été désireux de remplir, notamment en ce qui concerne les études zendes et pehlwies, turques, dravidiennes, etc. Nous n'avons cependant pas cru devoir déterminer, pour ces études, des séances spéciales, afin de ne pas augmenter outre mesure le nombre des réunions du Congrès. Si des communications sur ces branches de l'Orientalisme viennent à vous être présentées, il ne vous sera pas impossible de leur trouver place dans celles de vos séances qui seront le moins surchargées d'occupation.

En terminant, il nous reste à vous exprimer le vœu que tous les membres soient admis à enrichir notre programme des questions dont ils jugeraient à propos de provoquer la solution. Mais, comme il ne serait pas possible de retarder sans inconvénient la publication des ordres du jour que nous avons l'honneur de vous soumettre, nous vous prions de décider que les questions qui vous arriveront désormais, et avant le 15 août, seront publiées, avec la signature de leurs auteurs, dans le recueil de vos Actes, et que celles qui vous parviendraient après cette date seront renvoyées au Conseil *élu* par l'assemblée générale, lequel décidera de leur intérêt et de leur opportunité.

LES MEMBRES DE LA COMMISSION,

Alex. CHODZKO, DULAURIER, de l'Institut, FOUCAUX, HALÉVY, Émile LEGRAND, MARTIN (l'abbé), MASPÉRO, OPPERT, Louis ROCHET, Léon de ROSNY.

RAPPORT

DE LA

COMMISSION DES RÉCOMPENSES.

Messieurs,

Vous avez renvoyé à notre examen plusieurs projets de récompenses que décernerait le Congrès à l'occasion de sa Session de 1873.

Voici le résultat de nos réflexions à ce sujet, des recherches que nous avons faites, et les propositions que nous avons à soumettre à votre approbation.

Le Congrès de 1873 est la première réunion internationale qui ait été constituée dans l'intérêt des études orientales ; il devrait donc, à la rigueur, assumer la mission de décerner les récompenses honorifiques qu'il crée, aux personnes de tous les pays qui ont rendu des services à ces études. Nous avons cru que cette pensée, pour être sérieusement mise à exécution, exigerait un travail préparatoire et un temps que la date très-prochaine de l'ouverture du Congrès ne permet pas de lui consacrer.

En conséquence, nous avons l'honneur de vous proposer de vous borner à décerner les récompenses dont le Congrès dispose, aux personnes qui ont rendu des services au Comité central d'organisation, aux Délégués étrangers qui se sont signalés par leur activité à servir l'entreprise pour laquelle nous nous sommes unis, aux ouvriers et aux autres travailleurs de la typographie qui ont donné des preuves exceptionnelles d'intelligence, dans l'exécution matérielle des travaux qui se rattachent aux études orientales.

Parmi les personnes qui ont rendu des services au Comité central d'organisation, il nous paraît nécessaire de comprendre plusieurs rédacteurs de journaux qui nous ont prêté le concours de leur publicité avec l'empressement le plus intelligent et le plus honorable; les administrateurs et les chefs d'établissements publics, qui se sont mis à la disposition du Congrès dans l'intérêt des travaux de la session ; enfin les Directeurs de celles des compagnies de chemins de fer qui ont accordé des réductions de prix sur leurs tarifs en faveur des membres du Congrès qui se rendent à Paris pour participer à ses travaux [1].

Les récompenses destinées aux ouvriers de la typographie, dans toutes ses branches, nous paraissent tout particulièrement de nature à attirer votre attention.

Il est juste, surtout, de signaler à la reconnaissance des orientalistes les laborieux artisans qui ont consacré les courts

---

[1] Nous croyons utile de reproduire ici la note suivante, publiée par plusieurs journaux :

Il est de notre devoir d'annoncer que la Compagnie des chemins de fer du Nord, dont le chef d'exploitation est M. *Mathias*, a voulu donner au Congrès des orientalistes un témoignage de la libéralité avec laquelle elle seconde de tout son pouvoir les entreprises faites en France dans l'intérêt de la science. Les membres du Congrès, sur la présentation de leur carte, jouiront, à l'aller et au retour, d'une réduction de moitié sur le prix des places. La Compagnie du Midi a également assuré le Congrès de son appui.

Nous avons cru de notre devoir de proclamer hautement cet acte d'intelligente générosité de la Compagnie du Nord, d'autant plus que les compagnies suivantes se sont coalisées pour refuser la faveur que leur demandait le Comité d'organisation en vue des intérêts et de l'honneur de la science française. Ont refusé : la Compagnie de l'Est (directeur, M. *Jacqmin*); la Compagnie Paris-Lyon-Méditerranée (directeur, M. *Paulin Talabot*); la Compagnie d'Orléans (directeur, M. *Solacroup*); la Compagnie de l'Ouest (directeur, M. *Piérard*).

loisirs d'un temps souvent trop mal payé, aux études nécessaires pour composer typographiquement des textes orientaux, c'est-à-dire les écritures les plus variées et les plus compliquées du monde.

Nous devons également rechercher les graveurs et les fondeurs en caractères qui ont su, à force d'ingénieux labeur, lever les difficultés souvent très-considérables, que présente la reproduction au moyen de types mobiles des écritures asiatiques.

Il ne nous reste plus qu'à vous faire des propositions sur la nature des récompenses que vous aurez à décerner.

La première récompense destinée à reconnaître des services exceptionnels consisterait en une médaille de bronze commémorative du Congrès, portant le nom de la personne et la nature des services récompensés.

La seconde récompense consisterait en un diplôme d'honneur relatant les services rendus.

Si vous approuvez les propositions qui précèdent, vous aurez, Messieurs, à charger, sans perte de temps, votre Commission des Récompenses, de procéder à l'application de ces propositions. Elle aura l'honneur, sous le plus bref délai, de vous soumettre les noms des personnes qui lui paraissent dignes des récompenses du Congrès.

Paris, le 23 août 1873.

Les membres de la Commission,

Louis ROCHET président; GESLIN; Ch. SCHOEBEL.

Approuvé : *le Président du Comité national d'organisation,*

Léon DE ROSNY.

CONGRÈS INTERNATIONAL DES ORIENTALISTES.

1re SESSION. — 1873 — A PARIS.

ORDRE DES TRAVAUX. — QUESTIONS PROPOSÉES.

Messieurs les membres qui auraient des communications à faire aux séances du Congrès sont *instamment* priés d'en informer le Comité le plus tôt possible.

PREMIÈRE PÉRIODE.

ÉTUDES JAPONAISES, CHINOISES, TARTARES ET INDO-CHINOISES.

1re SÉANCE. — LUNDI MATIN, 1er SEPTEMBRE 1873.

Études japonaises.

1° Ouverture des travaux.
2° Élection du Bureau et du Conseil.

RÈGLEMENT :

ART. 1. — A l'ouverture de la session, le Comité national d'organisation appellera l'assemblée générale des membres du Congrès à procéder à l'élection du Bureau et du Conseil, auxquels il remettra ses pouvoirs, après avoir proclamé les noms des membres élus.

Art. 2. — Le Comité national d'organisation, chargé de prendre toutes les décisions nécessaires pendant la période qui précédera et pendant celle qui suivra la session, demeurera chargé, pendant cette session, des soins matériels et de l'administration financière du Congrès. Le Conseil remplacera le Comité, dans toutes ses autres attributions, pendant la durée de la session.

Art. 3. — Le Bureau se composera : d'un président, de cinq vice-présidents, dont deux seront choisis parmi les savants français et trois parmi les savants étrangers appartenant à des nationalités différentes, et de quatre secrétaires.

Art. 4. — La séance d'ouverture et la séance de clôture du Congrès devront être présidées par le Président élu ; les autres séances pourront être présidées, soit par un des Vice-Présidents, soit par un autre membre du Congrès, présent à la séance et désigné par le Bureau.

Art. 5. — Le nombre des membres à élire pour constituer le Conseil prévu par l'article 6 des Statuts sera d'un membre par vingt-cinq membres français, et d'un membre par cinq membres étrangers dont l'arrivée, à Paris, aura été notifiée d'une manière effective au Comité national d'organisation, avant le 31 août prochain.

3° De la place des Japonais dans l'histoire et la civilisation de l'Asie, en particulier, et du monde en général.

2e SÉANCE. — LUNDI SOIR, 1er SEPTEMBRE.

Archéologie. — Beaux-Arts.

1° Des monuments préhistoriques des îles de l'Asie orientale.

2° L'âge de pierre au Japon. — Les [illegible]

maga-tama; les anneaux dits きんくわん *kin-kwan*.

3° Des plus anciens monuments de l'art japonais.

4° De l'influence coréenne sur l'art japonais.

5° De l'influence chinoise et indienne.

6° De l'influence européenne.

7° L'art du dessin et de la peinture au Japon. — Les noms des couleurs et leur préparation.

8° Histoire et classification des bronzes japonais.

9° Histoire et classification des porcelaines (せともの *seto-mono*) et des poteries (やきもの *yaki-mono*).

10° Numismatique japonaise et coréenne. — Le papier-monnaie. — Timbres postaux et fiscaux.

11° Conformément à l'article XII des Statuts, l'assemblée élira, à la fin de cette séance, une Commission chargée d'examiner les comptes du Trésorier.

3e SÉANCE. — MARDI MATIN, 2 SEPTEMBRE 1873.

Transcription européenne des textes japonais.

Examen et discussion d'un projet tendant à établir une orthographe unique, pour la transcription européenne des textes japonais.

Un questionnaire, relatif à ce projet, a été préparé par les soins du Comité national d'organisation. Il sera adressé à tous les membres et correspondants du Congrès.

4e SÉANCE. — MARDI SOIR, 2 SEPTEMBRE 1873.

Politique. — Économie. — Commerce.

1° Quelle était la constitution politique, religieuse, sociale du Japon, avant la dernière révolution ?

2° Quel est le caractère politique, philosophique, religieux, social, de cette révolution?

3° Quels sont les résultats de cette révolution au point de vue des relations diplomatiques, de la vie sociale et intellectuelle au Japon, et au point de vue financier?

4° Méthode civilisatrice du gouvernement japonais.

5° Résultats actuellement obtenus par cette méthode, et progrès probables.

6° Diplomates, voyageurs et étudiants japonais en Europe et en Amérique.

7° Éducation européenne au Japon pour l'armée, la marine, la magistrature, l'administration, le commerce, l'industrie, les arts et les sciences.

8° Condition actuelle et éducation des femmes japonaises.

9° Action des gouvernements européens et nord-américain dans la transformation qu'opère le Japon sur lui-même.

10° L'industrie et le commerce européens, et leurs représentants au Japon.

5e SÉANCE. — MERCREDI MATIN, 3 SEPTEMBRE 1873.

Ethnographie et linguistique.

1° Origine et migrations primitives du peuple japonais.

2° Des アイノ *Aïno*, et en général des populations autochthones des îles de l'Asie orientale.

3° Les Japonais ont-ils eu des rapports avec les îles de l'Océanie, et avec l'Amérique, dans l'antiquité et au moyen âge?

4° Des caractères de l'histoire japonaise avant l'introduction de l'écriture chinoise au Nippon.

5° Comparaison du japonais avec certaines langues du continent asiatique.

6° De la langue ヤマト *yamato* (和), et de ses différences avec la langue actuellement usitée au Japon.

7° De l'origine de l'écriture au Japon, et de l'introduction des かな *kana*. — Inscriptions primitives. — Signes dits *sin-zi* « caractères des Génies ».

8° Dans quelle mesure le célèbre 王仁 *O-nin* a-t-il introduit la culture des lettres chinoises au Japon (au IIIe siècle)?

9° Quel fut le rôle, dans la littérature japonaise, du syllabaire inventé par le moine 寂照 *Zyak-syô?*

10° Quels sont les monuments les plus importants de la littérature japonaise écrits en caractères 梵字 *han-zi* ou « indiens »?

11° Examen philologique de la langue du 萬葉集 *Man-yo-siû* ou « Collection des Dix-Mille Feuilles » ?

12° Étude sur l'âge des poésies renfermées dans le recueil intitulé 古今集 *Ko-kin-siû.*

13° Des caractères et des modifications de l'écriture cursive 艸 en Chine, au Japon et en Cochinchine.

14° Linguistique comparée des prononciations chinoises désignées par les Japonais sous les noms de 漢音 *kan-won* et 唐音 *tô-won.*

15° Quels sont les monuments de la Littérature japonaise qu'il y aurait le plus d'utilité à traduire en ce moment, et quels sont les secours philologiques pour en entreprendre la publication ?

16° Recherche des documents de nature à faciliter l'intelligence des textes spéciaux, scientifiques, littéraires ou industriels des Japonais.

6e SÉANCE. — MERCREDI SOIR, 3 SEPTEMBRE 1873.

Sciences et industrie.

1° Sciences mathématiques. Emprunts aux Chinois, progrès indigènes.

2° Sciences physiques et chimiques.

3° Sciences naturelles. Méthodes et observations indigènes. De l'influence des 本草 *Hon-zô* sur la classification.

4° Introduction des méthodes européennes au Japon ; ce qu'elles ont produit.

5° De la médecine au Japon et de sa littérature.— Écoles diverses. — Influence chinoise et influence européenne. — Synonymie médicale.

6° Fabrication des tissus et du papier.

7° Imprimerie. Ses origines au Japon, ses divers procédés ; l'impression en-couleur.

8° Agriculture des Japonais : systèmes d'engrais et d'irrigation ; — plantes alimentaires employées dans les temps de famine ; — céréales, riz ; — coton まわた *ma-wata*, chanvre あさ *asa:* lin まを *ma-o ;* thé, arbre à papier, arbre à vernis, mûrier ; — du vin de riz さけ *saké* et du vin de raisin ぶだうしゆ *bu-dô-siu*, procédés de fabrication ; — huiles industrielles ; — plantes médicinales. — Teinturerie, matières premières.

9° Métallurgie ; extraction des métaux, fonte et trempe ; fabrication des armes blanches.

10° Tabletterie, fabrication des meubles de laque. — Bijouterie, ivoires, etc.

11° Dans quelle mesure la littérature actuelle japonaise,

fortement saturée d'idées européennes, a-t-elle de l'intérêt pour l'Europe, et pouvons-nous penser que les progrès réalisés par les savants japonais seront de nature à contribuer au mouvement scientifique des peuples de l'Occident?

7e SÉANCE. — JEUDI MATIN, 4 SEPTEMBRE 1873.

Sériciculture et industrie de la soie.

De la sériciculture au Japon et de la recherche des moyens d'obtenir la meilleure graine de vers à soie, dans les lieux de production et dans les marchés ouverts aux Européens. — Des marques commerciales des producteurs indigènes.

Un questionnaire sur la sériciculture et l'industrie de la soie au Japon sera rédigé par une Commission spéciale pour être soumis aux délibérations du Congrès.

ÉTUDES CHINOISES.

8e SÉANCE. — JEUDI SOIR, 4 SEPTEMBRE 1873.

1° Origine et migrations primitives du peuple chinois.

2° Des peuples qui habitaient la Chine à l'arrivée de ces migrations et des *Miao-tsze* en particulier.

3° De la langue des *king*, et du *kou-wen* dans ses rapports avec la langue moderne du Céleste-Empire.

4° De la transcription des mots étrangers, et notamment des mots indiens, dans la langue chinoise.

5° Du caractère des intonations 平, 上, 去 et 入 et de leur influence sur le développement et les modifications de la langue mandarine et des dialectes chinois.

6° Des peuples étrangers connus des anciens Chinois, et du caractère des écrits ethnographiques indigènes en général, et de l'ouvrage de *Ma Touan-lin* en particulier.

7° Des plus anciennes sources de l'histoire de Chine et des *Mémoires* du grand historiographe *Ssema Tsien* en particulier.

8° Les anciens Chinois ont-ils connu l'Amérique, et que faut-il entendre par la dénomination de 女國 *Niu-koueh* « le Pays des Amazones »?

9° De la signification du mot 道 *tao* dans le *Tao-teh-king* de *Lao-tsze*, dans les *King*, dans les écrits de l'École de Confucius, et dans les autres ouvrages philosophiques et religieux des Chinois.

10° Des trigrammes chinois ou 卦 *koua*, et des plus anciens monuments épigraphiques de la Chine.

11° De la musique chinoise et des instruments musicaux employés au Céleste-Empire dans l'antiquité et dans les temps modernes.

12° Des Vierges-Mères en Chine et chez les autres peuples de l'Asie orientale.

ÉTUDES TARTARES ET INDO-CHINOISES.

9ᵉ SÉANCE. — VENDREDI MATIN, 5 SEPTEMBRE 1873.

1° Examen des familles linguistiques auxquelles on a donné le nom de tartare, mongole, touranienne, etc.

2° État de l'Asie à l'époque des migrations tartares antérieures à la constitution des principaux empires asiatiques.

3° Des affinités des langues coréenne, mandchoue, mongole, tibétaine et de l'Inde transgangétique, entre elles, et avec les autres langues de l'Asie.

4° Origine et affinités des peuples qui formèrent, en Corée, les 삼한 *Sam han* ou Confédération des Trois Han.

5° Origines et caractères ethnographiques des Aïno ou peuples de Yéso, de Krafto, des Kouriles et de la côte orientale de Tartarie.

6° De la pratique désignée par les Mandchoux sous le nom de ᠣᠶᠣ ᡴᠠᡳᠮᠪᡳ *oyo-kaimbi* « jeter des morceaux de viande en l'air », cérémonie usitée après les sacrifices.

De l'usage désigné par le mot ᡴᠣᠶᠣᡵ ᡥᠣᠯᠣᠮᠪᡳ *koyor-holombi* ou sacrifice du cheval.

7° — De l'origine de la langue vulgaire de la Cochinchine et de ses dialectes.

8° Du signe typique de la voyelle, dans les langues indo-chinoises (อ en siamois, ཨ en tibétain, etc.).

9° De la confession auriculaire (གསོ་སྦྱོང་བ་) chez les Tibétains.

10° De la cosmologie intitulée โลกะสันถาร *Lôka : santhan* (Livre sacré des Siamois). — Des formules de malédiction ou de sortilége appelées กาถา อาคม *Kathá akhom.*

11° Des คนหัวโข *Khon-húa-khó* ou hommes à crâne proéminent en arrière.

12° Des sacrifices humains chez les peuples de l'extrême Orient.

10e séance. — Vendredi soir, 5 septembre 1873.

ÉTUDES OCÉANIENNES.

1° Les radicaux de la langue malaise et des autres langues de l'Archipel indien, qui sont généralement de deux syllabes, ont-ils quelques rapports avec les radicaux trilitaires des langues sémitiques ?

2° De l'influence de la langue chinoise sur les idiomes de l'Archipel indien.

3° De la date probable des anciens *pantoun* de la Malaisie.

4° Y a-t-il quelques rapports entre les langues de l'Archipel indien, celles de l'Océanie et les anciennes langues de l'Amérique centrale?

5° Y aurait-il un avantage à remplacer les écritures des langues de l'Archipel indien par une écriture qui aurait pour base l'alphabet latin; et quel est l'alphabet qui, fondé sur cette base, conviendrait le mieux à ces langues?

6° Périodes successives de l'histoire de la littérature kawi et javanaise.

7° De la langue et de la littérature des Tagales.

8° Place des documents batta, redjang et lampong, dans le domaine de la littérature orientale.

9° Origine et usage de l'écriture des Boughis; dans quelle mesure leur langue peut-elle être considérée comme la langue maritime de l'Archipel indien?

10° Examen ethnographique des populations de l'île de Formose et de leur idiome.

11° Quel est l'intérêt historique des inscriptions successivement découvertes dans les îles de Sumatra, de Java, de Bornéo, etc.? Quel est le caractère paléographique de ces dernières?

12° A quelle époque, et dans quelles circonstances, s'est développée la civilisation dans les îles de l'Océanie orientale, et notamment dans l'île de Pâques? Quel est le caractère des monuments découverts dans cette dernière localité et que peut-on établir au sujet des inscriptions qu'on y a trouvées?

13° Les migrations des peuples de l'Archipel indien et de l'Océanie se sont-elles faites de l'Archipel en Océanie se dirigeant vers l'Amérique; ou se sont-elles faites dans un sens contraire?

14° Des diverses périodes de l'âge de pierre dans les différentes parties de l'Océanie.

A cette séance seront admises les communications relatives aux langues et aux littératures pour lesquelles des réunions spéciales n'ont pas été indiquées dans ce programme. Si le temps venait à manquer pour ces communications, elles seraient renvoyées à la dernière séance du mercredi soir 10 septembre.

DEUXIÈME PÉRIODE.

11e SÉANCE. — SAMEDI MATIN, 6 SEPTEMBRE 1873.

ÉTUDES. ÉGYPTIENNES : ARCHÉOLOGIE.

1° Sur le culte d'Ammon.

2° Sur les  .

3° Sur le phénomène de la trilitération en égyptien.

4° Sur les conjonctions.

5° Sur le  et le sens qu'il faut attacher à cette expression.

6° Sur les rapports de l'Égypte et de l'Assyrie dans les VIIe et VIIIe siècles avant notre ère.

7° Sur la géographie de la Syrie au temps de la suprématie égyptienne.

8° Rapport sur les progrès des études égyptiennes.

12e SÉANCE. — SAMEDI SOIR, 6 SEPTEMBRE 1873.

ÉTUDES ASSYRIOLOGIQUES. — INSCRIPTIONS CUNÉIFORMES.

1° Sur la formation des signes idéographiques composés à l'instar du chinois.

2° Explication des idéogrammes composés de plusieurs signes.

3° Sur la prononciation des lettres dans la triple valeur de mesure temporaire, de mesure de longueur, et de terme commercial.

4° Sur le caractère de la langue arméniaque.

5° Explication des inscriptions susiennes.

6° Rétablissement des nombreuses fautes que l'on rencontre dans les textes médo-scythiques.

7° Établissement de la conjugaison médo-scythique.

8° Sur la valeur de quelques prétendus modes et temps de la conjugaison assyrienne.

9° Sur la coïncidence des synchronismes bibliques et assyriens.

10° Sur le style de l'Inscription du Déluge et des textes semblables.

11° Rapport sur les progrès des études assyriologiques.

DIMANCHE, 7 SEPTEMBRE.

Le Congrès ne tiendra point de séance le dimanche 7 septembre, mais les membres seront invités à visiter plusieurs collections orientales publiques et particulières.

Une Commission spéciale a été nommée à l'effet de diriger les membres dans ces visites, et de leur fournir les indications préalables qu'il pourraient désirer à cet égard.

13e SÉANCE. — LUNDI MATIN, 8 SEPTEMBRE 1873.

ÉTUDES SÉMITIQUES.

Phénicien, Hébreu.

1° L'alphabet phénicien, dont l'origine égyptienne est incontestable, présente, quant aux détails de la filiation, plusieurs points obscurs, qu'il serait désirable d'éclaircir. L'opinion générale admet que chaque lettre de l'alphabet sémitique a eu son modèle dans l'écriture hiératique ou épistolaire des Égyptiens; une autre opinion, nouvellement défendue devant l'Académie, tend à reconnaître le système hiéroglyphique et monumental des Égyptiens comme la source de l'écriture sémitique, et cela, pour treize lettres seulement; les autres neuf lettres de cet alphabet seraient d'une formation postérieure et due à certaines modifications qu'ont subies quelques-unes des lettres primaires, dans le but de mieux préciser les articulations qu'elles étaient destinées à rendre. Laquelle de ces opinions est la plus vraisemblable?

2° A quelle époque et par quelle voie s'est effectuée la transmission de l'écriture sémitique aux peuplades de l'Inde? Comment cette écriture a-t-elle pu surmonter la barrière que lui opposaient, depuis une très-haute antiquité, le système d'écriture cunéiforme et ses dérivés, qui étaient en usage sur les bords du Tigre et de l'Euphrate, en Asie Mineure et même dans l'île de Cypre. Est-ce par voie de mer? Mais comment supposer le voyage des Phéniciens dans la péninsule cis-gangétique à une époque aussi ancienne que le paraît réclamer la rédaction du recueil védique?

3° Quel est le sens des mots אראל דודה qui figurent dans la treizième ligne de l'inscription de *Méscha?*

4° Y a-t-il un lien vrai et intime entre les langues sémitiques et celles de l'Afrique septentrionale, qui forment la famille dite chamitique?

5° Dans une des récentes séances de l'Académie des Inscriptions et Belles-Lettres, il a été proposé une nouvelle traduction des passages suivants de l'inscription d'Eschmounazar :

Lignes 2-3 :

נגזלת בל עתי בן מסכ ים מאז רמי תם בן אל־מת

« *J'ai été ravi avant mon temps, au milieu de ceux qui* « *sont barrés du jour* (*des morts habitant le pays de la* « *nuit éternelle, le Schéol*), *pendant mon élévation; je suis* « *pieux, fils d'immortalité* (*c'est-à-dire méritant l'immor-* « *talité*) ».

Lignes 12-13 :

כ אנך נחן נגזלת בל עתי בן מסכ ים מאז רמי תם בן
אל־מת אנך

« *Car, moi, plein de grâce, j'ai été ravi avant mon* « *temps, au milieu de ceux qui sont barrés du jour, pen-* « *dant mon élévation ; je suis pieux, fils d'immortalité* ».

Lignes 15-16 :

(אנך ואמ) בנן אית בת מלקרת...וישרן אית עשתרת
שמם אדרם.

« (*Ma mère et moi*) *nous avons construit le* (*temple de* « *Melqart*), *et certes, le dieu me fera contempler l'Astarté* « *des cieux magnifiques* ».

Lignes 16-17 :

ואנחן אש בנן בת לאשמן ... וישבני שמם אדרם

« *Et c'est nous qui avons construit un temple en l'hon-*
« *neur d'Eschmoun..... et certes, ce dieu me fera habiter*
« *les cieux magnifiques* ».

Vu le caractère profondément eschatologique de ces passages, il serait extrêmement désirable d'en contrôler la lecture et la traduction proposées, et de les soumettre à une critique rigoureuse et conforme à la méthode de la philologie comparée.

Éthiopien, Nabatéen, Sabéen.

1° Expliquer l'origine de la prononciation particulière aux lettres ጸ, ፀ et ጠ en éthiopien.

2° De la relation de l'écriture arabe avec l'écriture nabatéenne.

3° De l'âge et de l'origine de la ponctuation éthiopienne.

4° Du caractère distinctif de la langue sabéenne et de ses dialectes.

5° De l'influence arabe sur la littérature éthiopienne.

6° A quel peuple peut-on attribuer la rédaction des inscriptions encore indéchiffrées que plusieurs vogageurs ont découvertes dans le désert du Safa, au sud-est de Damas?

Araméen, Syriaque.

Linguistique, grammaire, lexicologie, philologie.

1° Liste de tous les auteurs indigènes qui ont écrit sur la grammaire syriaque, et dont les ouvrages existent en Europe ou en Orient.

2° Dans quels auteurs arabes, persans, arméniens et juifs trouverait-on des renseignements à compulser pour étudier le développement des études grammaticales chez les Syriens ?

3° Quels livres ou quels monuments permettraient de démontrer la commune origine des systèmes d'écriture employés chez les Sémites, de décrire leurs procédés, de retracer les changements et les modifications introduites simultanément chez tous ces peuples ?

4° Pourrait-on connaître les premiers rapports entre les grammairiens syriens et les grammairiens arabes ? — Citer des noms propres et les textes y relatifs.— Indiquer les écoles où ont eu lieu ces rapports.

5° Quelle méthode semblerait, pratiquement, la meilleure pour aboutir à faire un lexique syriaque un peu complet ?

6° Quelles sources faudrait-il consulter en dehors de Bar-Aly et de Bar-Bahlul ?

7° Dans quels endroits retrouve-t-on, aujourd'hui encore, quelques-uns des anciens dialectes araméens, et quel est le rapport entre ces dialectes et les anciens ?

8° Liste des ouvrages imprimés en Orient sur des questions relatives aux études araméennes.

9° Dans quels endroits pourrait-on découvrir de nouveaux manuscrits en Orient. Quels ouvrages nouveaux pourrait-on espérer ?

10° Utilité d'une mission scientifique dans la Syrie, la Mésopotamie, le Kurdistan et la Perse occidentale. Moyens de l'accomplir utilement. Études préliminaires que devraient faire ceux qui en seraient chargés.

Ethnographie, Histoire.

11° Classer les peuples connus sous le nom de Syriens et de

Nestoriens. Leur origine. Documents anciens qui éclairent cette question dans les langues sémitiques ou iraniennes.

12° Des rapports de ces peuples avec les anciens Juifs émigrés en Mésopotamie. Quels auteurs ou quels monuments aideraient à faire l'histoire de ces rapports ?

13° Livres à consulter sur les mœurs et la religion des Syro-Nestoriens, au moyen-âge, et dans les temps modernes.

14° Liste des historiens syro-nestoriens encore inédits.

15° Géographie. — Signaler les villes ou villages, où les Syriens et les Nestoriens se trouvent en plus grand nombre. Dans quelle proportion forment-ils la population de la Turquie et de la Perse ?

16° Quels auteurs arabes ou persans fourniraient des détails sur l'histoire des chrétiens syro-nestoriens ?

17° Des auteurs arméniens et persans qui ont parlé des populations chrétiennes de la Turquie orientale.

Archéologie.

18° Des lieux où l'on pourrait trouver encore des inscriptions anciennes en caractères ou en langue syriaques ?

19° Quelles inscriptions ou quels autres documents permettraient de déterminer l'époque précise où eut lieu la bifurcation des deux grands dialectes araméens ?

20° Existe-t-il des inscriptions cunéiformes recouvrant des textes syriaques? Ont-elles été publiées?

Arabe.

1° Déterminer les points les plus certains de l'histoire des Arabes avant l'islamisme.

2° Du caractère distinctif et du déchiffrement de l'inscription de *Harran*, dans le Ledja.

3° Dans quelles proportions les poésies anté-islamiques ont-elles été remaniées après l'apparition de l'Islam?

4° De l'influence de l'écriture arabe sur les langues non sémitiques écrites dans ce caractère.

5° Des populations de l'Arabie moyenne auxquelles les écrivains musulmans attribuent une origine hymiarite?

6° De la valeur historique des listes des rois hymiarites et hadrimites fournies par divers auteurs arabes.

7° Origine de la déclinaison arabe et de la nounnation.

8° Comment faut-il comprendre les mots والمق اسم القمر dans la relation d'Albakri et peut-on identifier المق avec la divinité sabéenne 𐩱𐩡𐩣𐩤𐩠 ?

9° Des Thamoudites et de la cause de leur disparition.

10° Quelle est l'origine du nom الجودى que le *Coran* donne au mont Ararat?

11° De l'époque de la rupture de la digue de *Mareb*.

12° De l'établissement des royaumes de *Ghassan* et de *Hira* dans la Syrie septentrionale.

13° Des dialectes de l'Arabie méridionale, et principalement de l'idiome du *Mahra*.

ÉTUDES INDIENNES ET IRANIENNES.

14e SÉANCE. — MARDI MATIN, 9 SEPTEMBRE 1873.

Sanscrit.

1° Des formes nominales et verbales exclusivement propres au Rig-Véda.

2° La composition du Rig-Véda permet-elle à la critique d'y reconnaître un dessin et un plan liturgiques?

3° Peut-on, en s'appuyant sur l'hymne 112 du premier mandala, soutenir que la religion védique connut les miracles? Comment faut-il interpréter les hauts faits des Açvins que célèbre ledit chant?

4° Est-ce que les commentateurs indiens des hymnes védiques nous en facilitent l'intelligence, ou ne faudrait-il pas plutôt chercher cette intelligence dans les moyens d'exégèse que nous présente la critique moderne?

5° Est-ce que dans les différents *darçanas* le भाव est identique au सत्ता, ou la yoga diffère-t-elle, sur ce point, de la védânta et de la sânkhya? Si oui, établir ces différences; si non, montrer, par la définition des systèmes yoga, vedânta et sânkhya, comment ils concilient l'identité de l'existence et de l'être, avec leurs doctrines respectives.

6° Peut-on déterminer avec certitude que les Γυμνοσοφισταὶ appartenaient au brâhmanisme plutôt qu'au jaïnisme?

7° Quel rapport y a-t-il entre les sentences de Cânakya : मातृनामाधम : प्रोक्त : et स्वनामा पुरुषो धन्य :? Et que disent-elles sur le droit indien personnel?

8° Quelle a été, jusqu'ici, l'influence de l'indianisme sur la culture intellectuelle de l'Europe?

Bouddhisme.

1° En quelle langue ont été rédigés les premiers livres de la religion bouddhique? Est-ce en pali, comme le veulent quelques savants, d'accord avec les bouddhistes de Ceylan? Est-ce en sanskrit? non pas le sanskrit classique proprement dit, mais le dialecte particulier aux Gâthâs ou parties versifiées des livres du Népâl, lesquelles sont écrites dans une langue qui semble tenir du milieu entre le sanskrit des Vèdas et le pali.

2° Peut-on, par un examen attentif de la transcription chinoise des noms bouddhiques, distinguer si cette transcription a été faite sur le sanskrit ou sur le pali?

3° Comment les bouddhistes chinois ont-ils accepté l'autorité du grand Lama, laquelle est moderne? N'y a-t-il pas, en Chine, des écoles bouddhistes, complétement en dehors du bouddhisme tibétain? Et, s'il y en a, sont-elles nombreuses, et d'où tiennent-elles leurs traditions?

4° Par quel intermédiaire le bouddhisme est-il arrivé au Japon? A quelles écoles se rattachent les bouddhistes japonais, et quels sont leurs principaux livres?

5° Quels sont, dans la doctrine de la Çoûnyatâ शून्यता, les caractères des dix-huit espèces de *Çoûnya* शून्य, et particulièrement du *Nirvâna*.

Persan.

1° Comment s'expliquer la raison d'être de ce fait historique, qui se reproduit invariablement de siècle en siècle, depuis Sémiramis et Alexandre le Grand jusqu'à nos temps, que la Perse absorbe dans son sein les peuples, ses conquérants, de race étrangère, les Assyriens, les Mèdes, les Grecs, les Turcs de l'Asie centrale, les Mongols, et, en dernier lieu, les Turcomans (Kadjares) qui, s'emparant de la Perse les uns après les autres, finirent par en adopter la langue et la civilisation? Quel est le mobile de cette force vitale? Car la Perse, proprement dite, ne semble pas avoir compté jamais plus de sept à huit millions de population indigène.

2° Peut-on établir, avec une précision plus ou moins parfaite, les époques du règne successif des langues zende, pehlévi, perse et persane, dans l'Irân?

3° Peut-on apprécier le degré d'influence du sanscrit sur

le zend, et du hindou (ordû) sur le persan, et *vice versâ ?*

4° Quand et comment les poëmes héroïques et érotiques hindous se rapprochèrent-ils de ceux de la Perse musulmane, et comment se fait-il que la rime fut adoptée dans toute la poésie persane?

5° Comment définir et développer la base pronominale du paradigme persan? — Quelle est la raison d'être de deux thèmes différents l'un de l'autre, dans la majorité des verbes persans ? l'origine de cette anomalie ? l'origine du paradigme persan en général ? sa base pronominale ?

6° Quelle est l'origine de l'*izafet* du génitif persan? l'origine du *râ* des cas obliques ? et l'origine des terminaisons *âne*, *hâ*, *âte*, du pluriel persan ?

7° Quels seraient les avantages qu'offre la position géographique de la Perse, considérée comme le point central où se croiseraient les voies ferrées entre l'Asie et l'Europe ?

ÉTUDES NÉO-HELLÉNIQUES ET ARMÉNIENNES.

15e SÉANCE. — MERCREDI MATIN, 10 SEPTEMBRE 1873.

Grec moderne.

1° Étude comparée des données mythologiques mentionnées dans les poésies populaires des Grecs modernes, et dans les monuments de la littérature byzantine et grecque ancienne.

2° De la transformation du mythe d'Andromède et de Persée, en la légende moderne de Saint Georges et de la fille du roi (Ἅγιος Γεώργιος καὶ ἡ Βασιλοπούλα).

3° Transformation moderne du mythe de Charon.

4° De l'influence des idées païennes sur la peinture byzantine au moyen-âge.

5° De la parenté de la langue albanaise avec la langue néo-hellénique.

Arménien.

1° Origines primitives de la race arménienne. Ces origines mêlées aux plus anciennes traditions que nous aient conservées les livres des Hébreux et ceux de la Perse.

2° Provenance et fusion des populations diverses dont la nationalité arménienne a été formée; immigrations aryennes arrivées des pays situés à l'Est; introduction de l'élément sémitique par les colonies venues du Sud. Origine du nom que se donnent les Arméniens Հայ, *Haï*, et du nom *Armen*, connu des étrangers seulement; le mythe de *Haïg*, le fondateur de la nationalité arménienne.

3° Première période de l'histoire d'Arménie; traditions légendaires, cosmogonie et idées religieuses, dont les souvenirs se sont perpétués jusqu'à nous. Rapports avec les grands empires asiatiques qui s'élevèrent successivement dans le voisinage, avec les Assyriens, les Mèdes, les Perses, et, plus tard, avec les Parthes, les Grecs sujets des Séleucides, et les Romains.

4° Inscriptions cunéiformes retrouvées aujourd'hui dans diverses localités de l'Arménie. Éclosion et développements de la culture intellectuelle; poésies historiques, chants populaires se rattachant à trois cycles, assyrien, médo-perse et arménien. Fragments épiques qui nous ont été conservés par Moïse de Khoren, historien du ve siècle. L'existence d'une épopée nationale arménienne peut-elle être démontrée pour cette époque reculée? Valeur des arguments produits à l'appui de cette hypothèse.

5° Introduction du christianisme en Arménie par les docteurs syriens de la Haute Mésopotamie, au Ier ou au IIe siècle de notre ère. Conversion partielle des populations à la nouvelle religion. Avénement du christianisme hellénique au début du IVe siècle; ses progrès rapides et universels. Son influence sur la constitution politique du pays et sur le mouvement des esprits. Une littérature nouvelle se forme et acquiert, en peu de temps, une fécondité et une perfection remarquables à tous égards. Le culte des lettres grecques en honneur dans l'Arménie; traductions d'auteurs grecs aujourd'hui perdus que les Arméniens nous ont transmis.

6° Antiquité de l'Église arménienne; son caractère d'immutabilité qui a maintenu cette église dans l'état dogmatique et rituel du christianisme des âges primitifs.

7° L'Arménie partagée entre les Sassanides de Perse et les Empereurs byzantins, puis envahie successivement par les Arabes, les Turks seldjoukides et les Mongols; ses destinées sous ces dominations diverses jusqu'à la dispersion définitive de la nation au XIVe siècle. Monuments qui subsistent de cette période embrassant environ huit siècles.

8° Le royaume de la Petite Arménie, fondé au XIIe siècle dans la Cilicie; rôle de cet état chrétien pendant les croisades, au milieu des colonies latines établies dans la Syrie, la Palestine et l'île de Chypre, en présence des nations musulmanes qui l'environnaient. Sa destruction par les sultans mamlouks d'Égypte, dans la seconde moitié du XIVe siècle. Mort du dernier roi d'Arménie, Léon VI, à Paris, et souvenirs qu'il y a laissés.

9° Dès lors les Arméniens, n'existant plus comme corps de nation, se fractionnent en groupes qui viennent se fixer dans l'Empire ottoman, en Russie, en Perse, dans l'Inde, et dans l'Europe orientale; cosmopolitisme, et en même temps persistance invincible à conserver le sentiment de la nationalité.

10° Renaissance intellectuelle qui s'est opérée dans ces derniers temps et son précoce évanouissement; épuration de la langue vulgaire qui devient un idiome littéraire, et enfante des œuvres de toute sorte, compositions historiques, pièces de théâtre, romans, poëmes, et une presse périodique qui compte de très-nombreux organes; initiation des Arméniens aux idées et à la civilisation de l'Europe moderne. État actuel de la nation.

11° Coup d'œil rétrospectif sur les causes qui ont amené sa ruine et sa dispersion, et sur les rapports de la configuration géographique du pays avec l'état instable de ses institutions politiques, et l'issue fatale de ses destinées.

ÉTUDES GÉNÉRALES SUR L'ORIENTALISME.

16e ET DERNIÈRE SÉANCE. — MERCREDI SOIR, 10 SEPTEMBRE 1873.

Dans cette séance, le Congrès entendra les communications qui n'auront pu trouver place dans les réunions précédentes. Il examinera, en outre, les propositions qui lui auront été renvoyées par son Conseil, dans le but de faciliter les relations des orientalistes des divers pays, et toutes les questions d'intérêt général qui lui seront soumises.

Le Comité national d'organisation avait mis à l'ordre du jour de cette séance les délibérations prévues par l'art. IX des Statuts et relatives : 1° à la désignation de la ville située hors de France où aura lieu le second Congrès; 2° au choix de la branche des études orientales qui fera l'objet spécial de ce nouveau Congrès; 3° à la révision définitive des Statuts. A la demande d'un certain nombre de membres, le Conseil *élu* du Congrès déterminera la séance à laquelle ces questions devront être discutées.

CLOTURE DE LA SESSION.

CONGRÈS INTERNATIONAL DES ORIENTALISTES.

1er CONGRÈS — 1873 — A PARIS.

QUESTIONS

SOUMISES AU CONGRÈS INTERNATIONAL DES ORIENTALISTES
POUR L'ÉTABLISSEMENT

D'UN SYSTÈME UNIQUE DE TRANSCRIPTION

DES TEXTES JAPONAIS.

On s'est occupé depuis longtemps de la recherche d'un *Alphabet linguistique* également applicable à toutes les langues. De remarquables essais, à diverses reprises, ont vu le jour. Il ne paraît pas cependant que ce problème infiniment complexe ait été résolu jusqu'ici d'une manière satisfaisante, et on en est encore à regretter la variabilité, l'irrégularité, la confusion qui se manifestent sans cesse dans la transcription européenne des textes orientaux.

En présence des difficultés considérables que présentait la formation d'un alphabet *universel* de transcription des langues, quelques orientalistes distingués se sont bornés à chercher les moyens d'écrire en lettres latines les idiomes qui faisaient l'objet *spécial* de leurs études, afin de resserrer le problème dans des limites plus aisément accessibles. Les essais poursuivis dans cet ordre d'idées peuvent être nuisibles, en ce sens qu'ils retardent l'époque où un alphabet général pourra être adopté par la science pour écrire également toutes les langues du monde; mais, à côté de cet inconvénient grave, il faut le reconnaître, il y a eu dans ces essais un avantage incontestable pour les études orientales. Il est impossible qu'un seul homme puisse aborder avec connaissance de cause un travail qui nécessiterait la connaissance approfondie de tous les idiomes du monde; et les travaux de linguistique, entrepris sans une telle connaissance, — ce qui n'arrive que trop souvent, — ne sont guère de nature à servir la science. L'alphabet de transcription, appliqué au cochinchinois, au hottentot ou au mouisca par les hommes qui savent ces langues, a beaucoup de chance de l'emporter en exactitude sur les tentatives des philologues qui s'occupent de toutes les langues à la fois.

Les systèmes de transcription adaptés à une langue ou à un groupe de langues en particulier ont parfois obtenu l'adhésion de la plupart des savants qui font autorité dans la matière. Les Indianistes, par exemple, sans employer précisément le même mode pour écrire le sanscrit en lettres latines, sont cependant d'accord sur les points les plus essentiels de la transcription européenne des caractères dêvanagaris. Les Annamistes sont aujourd'hui unanimes pour adopter le système qu'employèrent jadis Pigneaux de Behaine et Taberd pour écrire le cochinchinois; et l'alphabet latin de ces deux prélats, malgré de graves défauts, a été adopté d'une façon si unanime, qu'il est devenu une véritable écriture annamite, que les efforts de l'érudition occidentale seraient, sans doute, impuissants à modifier aujourd'hui.

Si l'on peut dire qu'il est trop tard pour établir une entente en vue de la transcription latine des textes hébreux et arabes, par exemple, et s'il faut se résoudre, pour les langues sémitiques, à accepter un mode de transcription variable chez les divers auteurs, parfois même dans les différents livres d'un seul savant, il n'en est point ainsi des textes japonais. Les travaux des orientalistes sur la littérature de l'extrême Orient sont des productions toutes récentes de la science contemporaine, et l'on peut se féliciter qu'aucun parti définitif n'ait été pris jusqu'à présent sur la matière. Les Japonistes les plus distingués de notre époque n'ont adopté définitivement aucun système, et leur façon d'écrire la langue du Nippon a varié sans cesse dans leurs propres publications. Il leur suffira donc de mettre de côté toute personnalité pour arriver au résultat si désirable de l'uniformité orthographique. Il faut espérer que le Congrès international de 1873 aboutira, dans cette direction, à un résultat qu'on ne saurait trop désirer dans l'intérêt des études japonaises.

La Commission nommée par le Comité national d'organisation, en préparant le questionnaire qu'on va lire, s'est efforcée de ne rien préjuger au sujet des résolutions qui pourront être prises par le Congrès sur la question du système à adopter pour écrire le japonais en lettres européennes; elle s'est bornée à signaler les points du problème qui lui ont paru le plus dignes d'attention, et elle croit être l'interprète de tous les Orientalistes français qui s'occupent du Japon, en assurant qu'ils s'empresseront d'adopter le système qui aura obtenu la sanction des savants appelés à se prononcer en cette circonstance.

Le problème en question nous semble devoir être étudié successivement à trois points de vue. Il nous paraît nécessaire : 1° de déterminer les lettres européennes qu'il convient d'adopter pour rendre les consonnes et les voyelles du syllabaire japonais; 2° de fixer les cas où les règles de contraction euphonique nécessitent une modification dans la transcription des mots signe par signe; 3° de régler les conditions physiologiques de la séparation des mots, considérés dans leurs rapports avec les désinences, particules ou annexes grammaticales qui servent à en nuancer la signification.

Le questionnaire que nous avons l'honneur de soumettre à la délibération du Congrès sera, en conséquence, divisé en trois sections :

I. — Transcription des syllabes japonaises.

Le syllabaire japonais proprement dit se compose de quarante-sept syllabes et d'un quarante-huitième signe indiquant la nasale. Pour faciliter l'intelligence de ce questionnaire, nous en reproduirons ici le tableau dans les deux principales formes usitées au Japon :

SYLLABAIRE KATA-KANA.

イ *i.*	ト *to*	ワ *wa*	ツ *tsou*	井 *yi*	ケ *ke*	サ *sa*	ヱ *e*
ロ *ro*	チ *tsi*	カ *ka*	子 *ne*	ノ *no*	フ *fou*	キ *ki*	ヒ *fi*
ハ *fa*	リ *ri*	ヨ *yo*	ナ *na*	オ *o*	コ *ko*	ユ *you*	モ *mo*
ニ *ni*	ヌ *nou*	タ *ta*	ラ *ra*	ク *kou*	エ *ye*	メ *me*	セ *se*
ホ *fo*	ル *rou*	レ *re*	ム *mou*	ヤ *ya*	テ *te*	ミ *mi*	ス *sou*
ヘ *fe*	ヲ *wo*	ソ *so*	ウ *ou*	マ *ma*	ア *a*	シ *si*	ン *n* final.

SYLLABAIRE HIRAKANA.

み mi	こ ko	ゐ ï	れ re	り ri	い i
し si	え ye	の no	そ so	ぬ nu	ろ ro
ゑ e	て te	お o	つ tsu	る ru	は ha
ひ hi	あ a	く ku	ね ne	を wo	に ni
も mo	さ sa	や ya	な na	わ wa	ほ ho
せ se	き ki	ま ma	ら ra	か ka	へ be
す su	ゆ yu	け ke	む mu	よ yo	と to
ん n final.	め me	ふ fu	う u	た ta	ち tsi

Voici maintenant les principaux modes de transcription employés dans les divers pays pour les signes de ce syllabaire [1] :

---

[1] Nous avons fait usage des abréviations suivantes : *Orth.*, orthographe assez généralement adoptée ; — *Angl.*, ouvrages anglais ; — *Holl.*, Hollandais du comptoir de Désima ; — *Miss.*, missionnaires espagnols et portugais au Japon ; — *A.-R.*, Abel-Rémusat ; — *Kl.*, Klaproth ; — *Medh.*, Medhurst ; — *Hffm.*, Hoffmann ; — *Pfz.*, Pfizmaier ; — *Rosn.*, De Rosny ; — *Sév.*, Séverini ; — *Tur.*, Turettini ; — *Hepb.*, Hepburn ; — *Coll.*, Collado ; — *Sieb.*, Siebold. *Leps.*, Lepsius (*Stand. Alph.*).

1 — *i* (Orth.), rarement *ee* (Angl.).

2 — *ro;* — *lo* (Sieb.).

3 — *fa* (Miss.); *ha* (Orth.); — *va* (après une voyelle).

4 — *ni* (Orth.).

5 — *fo* (Miss.); — *ho* (Orth.); — *vo* (après une voyelle).

6 — *fe* (Miss.); *fé* (A.-R.); — *he* ou *hé* (Orth.); *ye* ou *yé* (après une voyelle).

7 — *to* (Orth.).

8 — *chi* (Miss., Hepb.); — *tsi* (Medh., Kl., Hffm., Pfz., Rosn., Tur.

9 — *ri* (Orth.); — *li* (Sieb.).

10 — *nu* (Orth.); — *noo* (Medh.), — *lu* (Sieb.).

11 — *ru* (Orth.); — *roo* (Medh.).

12 — *wo* (Orth.); — *o* (A.-R.); — *uo, vo* (Miss.).

13 — *wa* (Orth.); — *ua, va* (Miss.).

14 — *ka* (Orth.); — *ca* (Miss.).

15 — *yo* (Orth.); — *jo* (Holl., Pfz.).

16 — *ta* (Orth.).

17 — *re* (Orth.); — *le* (Sieb.).

18 — *so* (Orth.).

19 — *tsu* (Orth.); — *tçu* (Coll.); — *tsŭ* (Rosn.); — ヅ *dzu* (Orth.); — *zzu* (Miss.); *ds'* (Medh.); — *dzŭ* (Rosn.); — *zzu* (Oyanguren).

20 — *ne* ou *né* (Orth.).

21 — *na* (Orth.).

22 — *ra* (Orth.); — *la* (Sieb.).

23 — *mu* (Orth.); — *moo* (Medh.).

24 — *u* (Orth.); — *oo* (Medh.); — *ɤ* et *u* (Rosn.).

25 — *i* (Orth.); — *wi* (Medh.); — *vi* (Hffm.); *ï* (Rosn.).

26 — *no* (Orth.).

27 — *o* (Orth.); — *wo* (A.-R.).

28 — *ku* (Orth.); — *kfoo, kf'* (Medh.); — *kf* final (Kl.).

29 — *ya* (Orth.); — *ja* (Holl., Pfz.).
30 — *ma* (Orth.).
31 — *ke* ou *ké* (Orth.); *qe* (Miss.); = ゲ *ge* ou *gé* (Orth.); — *ghe* (Kl.); — *gue* (Miss.).
32 — *fu* (Orth.); — *foo*, *hoo* (Medh.); — *vu* (Hoffm.).
33 — *ko* (Orth.); — *co* (Miss.).
34 — *ye* ou *yé* (Orth.); — *e* (Sieb.).
35 — *te* ou *té* (Orth.).
36 — *a* (Orth.).
37 — *sa* (Orth.).
38 — *ki* (Orth.); — *qi* (Miss.).
39 — *yu* (Orth.); — *yoo* (Medh.); — *ju* (Sieb., Pfz.);
40 — *me* ou *mé* (Orth.).
41 — *mi* (Orth.).
42 — *si* (Medh., Kl., Hffm., Pfz., Rosn.); *xi* (Miss.); — *shi* et *sh'* (Hepb.).
43 — *e* ou *é* (Orth.); — *ye* (A.-R.); — *we* (Sieb.); — *je* (Pfz.).
44 — *fi* (Miss., Medh., Kl., Hffm., Pfz.); — *hi* (Rosn.); — *hi* (Hepb., Sieb.).
45 — *mo* (Orth.).
46 — *se* (Medh., Kl., Hffm., Pfz., Rosn.); — *xe* (Miss.).
47 — *su* (Medh., Kl., Hffm., Pfz.); — *sŭ* (Rosn.); — *sz* (Hepb.).
48 — *n*.; — (Orth.); — *ǹ* (Leps.).

On voit qu'il n'existe, dans le syllabaire, d'assez grandes divergences orthographiques qu'en ce qui concerne les syllabes ち (8); — つ (19); — し (42); — ひ (44); — す (47). Mais, quand il s'agit des altérations ou modifications phonétiques qu'elles peuvent subir en certaines circonstances, les divergences sont bien autrement nombreuses. Nous mentionnerons les plus caractéristiques d'après les ouvrages des principaux japonistes.

MISSIONNAIRES ESPAGNOLS ET PORTUGAIS. *beô* ou *beŏ*; — *bia*; — ou *cai*; — *cqua*; — *cho*; — ou *chô*; — ou *chŏ*; — *chu*; — *cuvai*; *cuvat*; *ja*; — *nha*; — *roü*; — *voo*; — *vua*; *xa*.

HOLLANDAIS DU COMPTOIR DE DÉSIMA. *djogun* ou *djogoen*; — *it-zebu*; — *kokf*; — *fiak*; — *quan*; — *mia*; — *synmu*; — *fide jos*; — *satzuma*; — *sacka*; — *tsia*; etc.

MEDHURST. *kokf*; — *hos'soo*; — *tads'ner'*; — etc.

HOFFMANN. *faru*; — *fĭtóri*; — *fiyaku*; — *tsĭyau*; — *ŭye*; — *tšĭótto*; — *miyoo*; — *ivi*.

ROSNY. *myako*; — *tsyo*; — *omô*; — *hitotsŭ*.

TURETTINI. *rau*; — *ikivoi*.

HEPBURN. *sh'te*; — *chōjitsz*; — *tszitachi* (le premier jour du mois); — *tszyoku*; — *wiye*.

En résumé, les signes du syllabaire japonais, sur lesquels il serait surtout désirable de s'entendre, sont :

1. *fa* ou *ha?*
2. médial *he* ou *ye?*
3. *chi* ou *tsi?*

4. つ *tsu*, *tsŭ* ou *ts'?*
5. い *i* ou *ï?*
6. し *shi* ou *si?*
7. ひ *fi*, *hi* ou *ḥi?*
8. す *su*, *sŭ* ou *sz?*

Nous n'avons pas songé à indiquer ici toutes les particularités de l'orthographe des divers japonistes cités, mais seulement quelques transcriptions sur lesquelles nous appelons l'attention du Congrès, soit pour les adopter, soit pour les rejeter.

II. — Des contractions, altérations phonétiques, etc.

9. Transcription de : きやう, こやう, きゆう, こゆう?
10. みや *miya*, *mia* ou *mya?*
11. につぽん *Nitsŭ-pon*, *Nit-pon*, *Nippon* (日本)?
12. たくさん *taku-san* ou *tak-san?*
13. てう *teó*, *tiô?* — Adoptera-t-on une seule orthographe pour ce mot écrit ainsi, ou bien ちやう?
14. らんばう (tumulte) *ran-bô* ou *ram-bô?*
15. こくの *kokuno* ou *kokno* (國之); ろく *rok* ou *roku*; もくろく *moku-roku* ou *mok-rok?*
16. Distinguera-t-on しう et しふ (集)?
17. Transcription de えふ (葉)?
18. Écrira-t-on en un monosyllabe le mot chinois transcrit en japonais せき (石) *seki?*
19. Distinguera-t-on dans la transcription はな *hana* (fleur) et はな *hana* (nez), et tiendra-t-on compte de l'opinion des *Wa gak-sya* qui soutiennent que,

dans des cas de ce genre, on doit tenir un certain compte dans la prononciation des quatre tons chinois?

III. — De la séparation des mots.

L'emploi des traits d'union, si fréquent dans les transcriptions européennes des sinologues et des japonistes, ne paraît pas avoir été fixé d'une façon précise. L'irrégularité à cet égard pourrait avoir d'assez graves inconvénients. Il nous paraît donc utile que le Congrès prenne une décision sur ce sujet.

20. Admettra-t-on comme principe, pour la transcription des mots japonais et sinico-japonais, que *l'unité d'accent constitue l'unité de mot*, et comment indiquera-t-on cette unité?

21. Admettra-t-on que les désinences ou particules des cas japonais sont des mots distincts (*postpositions*), notamment en ce qui concerne la particule de l'accusatif を ? La connaissance de la valeur primitive d'une désinence de cas, comme *arum* du latin, *ων* du grec, peut-elle autoriser à séparer cette désinence de la racine, ne fût-ce que par un trait d'union; et ne faut-il pas écrire はなをみる *hanao-miru* et non *hana-wo miru* « voir la fleur »?

22. Écrira-t-on *mu-hon-nin*, *mu-hon nin*, *muhon-nin* ou *muhonnin* (un rebelle), en se rappelant que le mot *nin* peut être employé isolément dans le sens de « homme » et dans divers composés?

23. Écrira-t-on ごきげん *go-ki-gen* ou *go ki-gen*, en se

souvenant qu'il faut nécessairement écrire ござり *gozari* et non *go-z-ari* (*go-za-ari*)?

24. Quelle règle adoptera-t-on pour les formes verbales qui reposent tantôt sur des particules qui se confondent par élision avec le radical verbal, tantôt par des mots qui n'ont subi aucune altération et conservent plus ou moins leur autonomie?

Il serait aisé de poser encore un grand nombre de questions pour établir l'unité orthographique de la transcription européenne des textes japonais. Il nous semble cependant que, du moment où les japonistes se seront mis d'accord sur les questions mentionnées plus haut, il ne pourra plus guère y avoir de variations importantes dans le système adopté. Nous proposons, toutefois, au Congrès d'ordonner qu'à l'appui de ses décisions un texte japonais aussi étendu que possible sera transcrit en lettres latines et affiché dans la salle des séances, afin que tous les savants compétents puissent vérifier les cas où des doutes subsisteraient encore sur le mode définitif de transcription.

Les membres de la Commission,

J. LE VALLOIS, Fr. SARAZIN, P. ORY.

QUESTIONS

SUR L'ART ORIENTAL EN GÉNÉRAL

ET EN PARTICULIER

SUR L'ART AU JAPON.

En passant d'Asie en Europe, l'art, comme on le sait, a pris, dans ses diverses manifestations, un caractère qui s'est éloigné, de plus en plus, de celui que le génie des peuples asiatiques avait, dès le début, imprimé à ses créations originales. Mais, partout et dans tous les temps, ainsi que le témoignent les monuments, sous l'influence d'une imagination plus vive que bien réglée, et autant que par le besoin de rendre sensibles des idées abstraites, l'art, en restant en Asie, a produit des formes bizarres et inattendues, des assemblages souvent ingénieux de couleurs crues et de tons entiers. En Europe, au contraire, non-seulement les formes s'épurent, les proportions se régularisent, les contours s'adoucissent et la couleur n'apparaît que comme auxiliaire de la forme, mais, encore, le génie grec substitue bientôt la grâce à la roideur, l'élégance à la lourdeur et la majesté à la dureté dont sont empreints ses premiers modèles. Dans les œuvres qui lui sont propres, l'expression l'emporte sur la signification, la fidélité d'imitation n'est plus qu'un accessoire, et la profusion des détails fait partout place au savant arrangement des parties. Ce n'est pas tout; le goût exquis des Grecs, leur amour du beau, leur passion pour le noble, leur sentiment délicat du vrai, tout ce qui, avec la finesse d'observation et l'adresse manuelle peut, d'un *Poète*, faire un

Artiste, le Grec le possède, et il produit ainsi les types les plus admirables sous les formes les plus pures. Dès lors, il transforme, comme en se jouant, les simulacres purement significatifs du symbolisme asiatique, à ce point que de ces assemblages monstrueux il fait de séduisantes images d'êtres possibles et à l'existence desquels on se prit même à croire.

Tels sont les caractères essentiels de l'Art antique en Europe. L'empreinte de ces caractères est d'ailleurs si profonde, que la trace n'en a jamais été effacée, ni par les siècles, ni par les révolutions; et ils sont tellement les caractères de ce que l'on peut appeler, sûrement, l'*Art,* que, tant qu'il y aura un être capable de sentir et d'admirer, cet être ne pourra communiquer à ses semblables les nobles mouvements de son âme, il ne pourra les faire participer à son admiration pour son *Idéal* qu'en suivant cette voie traditionnelle dont les Grecs ont planté avec tant de bonheur les premiers jalons.

Si maintenant nous examinons les évolutions de l'*Art* se développant dans le lieu même de son berceau, le témoignage des monuments que nous possédons ne nous montrera pas qu'il ait évolué dans les mêmes régions ni qu'il ait atteint les mêmes hauteurs; cependant il n'en est pas moins l'*Art,* c'est l'art en Asie. Quel que soit, du reste, le cachet imprimé à ses productions, ce cachet est celui d'un génie assurément bien différent du génie européen, et tout montre la persistance de l'empreinte vigoureuse de ce cachet tout particulier dont les traces se retrouvent non-seulement sur tous les monuments de l'antiquité, mais qu'on reconnaît encore sur les œuvres si variées des divers peuples de l'Asie moderne. Ne voit-on pas, en effet, chez tous ces peuples, et depuis l'antiquité la plus reculée jusqu'à l'époque actuelle, ne voit-on pas le génie asiatique passer du somptueux au mesquin, descendre du grandiose au vulgaire sans cesser jamais de revêtir des formes étranges et bizarres? Quelles peuvent être les causes d'un phénomène si remarquable attesté par tous les monuments recueillis sur le vaste continent asiatique?

De plus, les monuments que nous ont laissés les Assyriens, les Babyloniens et les Perses n'ont-ils pas tous un caractère de famille dont les traces se reconnaissent dans les monuments moins anciens des Hindous? Cela conduit à la question capitale qui suit :

Les peuples de l'extrême Orient possèdent-ils des monuments de date certaine pouvant, soit établir l'existence d'une tradition étrangère et antérieure, soit prouver que de l'autre côté du Gange l'art prit naissance sous une forme qui s'est développée, par ici, comme il nous est à peu près permis d'en concevoir la marche, tandis que, par là, sous des conditions qui nous sont inconnues, l'art est devenu, ou plutôt est resté ce que nous le voyons être aujourd'hui, enfant colosse et bien portant, mais enfant encore?

Si les éléments d'une réponse satisfaisante font défaut à cette question, les questions suivantes, dont quelques-unes portent leur réponse en elles-mêmes, n'en sont pas moins à poser, au point de vue ethnographique. Elles se présentent dans l'ordre suivant, en ce qui concerne le Japon.

1° A quelle époque peut-on faire remonter l'apparition d'un art réellement japonais ; quels sont les caractères distinctifs de cet art, n'a-t-il point avec l'art chinois une parenté plus intime qu'avec le coréen, le javanais et le siamois ; quels sont ses degrés de parenté, si parenté il y a?

Étant donnés les aptitudes des Japonais et l'état de l'art en Europe, quels peuvent être les effets de l'influence européenne sur l'art au Japon ? Quels avantages l'industrie japonaise pourrait-elle tirer sinon de l'introduction du goût européen, du moins plus particulièrement de l'introduction des méthodes d'enseignement touchant l'art et ses applications en Europe et particulièrement en France?

2° En architecture, en sculpture, en peinture et dans tous les arts du dessin, quelle a pu être la préoccupation dominante de l'artiste japonais? Est-ce *parler aux yeux, à l'esprit, à l'imagination;* ou n'est-ce que satisfaire à *des besoins positifs ou chimériques?* Dans quelle mesure, dans quelles proportions ces diverses conditions sont-elles le plus généralement remplies? Quelle est aussi l'influence de la matière employée sur la forme à produire?

La réponse ne serait-elle pas de nature à nous porter à affirmer que l'art au Japon se rapproche tellement de l'industrie que souvent il s'y confond et s'y abîme?

L'art au Japon n'est-il point essentiellement décoratif; en même temps qu'il est à peu près suffisamment imitatif, n'est-il pas expressif souvent même à l'excès, sans jamais atteindre à une haute signification?

D'où provient cette tendance remarquable à faire intervenir la coloration dans une si large mesure? Et la couleur ne supplée-t-elle pas d'une manière souvent très-heureuse la constante inanité de la forme?

3° Quel catalogue pourrait-on dresser des monuments propres à établir l'histoire de l'art au Japon, à l'égard de l'architecture, de la sculpture, de la peinture, de la céramique, des bronzes, de l'orfévrerie, de la bijouterie, de la verrerie, des étoffes, de l'ébénisterie, de l'ameublement, du costume, de la carrosserie et de la sellerie, et des armes de luxe?

Dans les arts ci-dessus énumérés, celui qui donne le pas aux autres, n'est-ce point, comme partout, l'architecture? Celui qui est mis le plus à contribution, est-ce la peinture ou la sculpture? Quel est, finalement, le degré d'influence de ces arts les uns sur les autre et quelle est leur importance respective? Dans la pratique de chacun de ces arts, quelle est la valeur du procédé, quelle part faut-il faire à l'adresse manuelle, quelle part revient à la justesse de l'œil?

4° Les Japonais possèdent-ils des livres sur l'esthétique, sur l'enseignement et sur la pratique des arts? Ces livres sont-ils écrits par des Japonais, sont-ils dus à des auteurs étrangers? Quel catalogue pourrait-on en dresser?

Les Japonais possèdent-ils des monographies? Parmi les nombreuses monographies publiées en Europe, lesquelles seraient les plus favorables aux progrès des arts et des industries au Japon, et quels seraient les avantages ou les désavantages qui pourraient en résulter pour le commerce européen?

5° Au point de vue philosophique, le Japon se montre avec ses institutions civiles et religieuses, son organisation militaire, sa marine, son commerce. Il se montre avec les qualités et les aptitudes, le tempérament et les mœurs de ses habitants; avec leurs besoins individuels et collectifs, leurs exigences sociales, leurs idées, leurs croyances, leurs connaissances acquises et leurs habitudes. Il se montre avec sa position géographique, sa configuration topographique, son climat, son sol et tout ce qu'il produit, les matériaux qui lui sont propres et ceux qu'on y importe. Toutes ces causes et les circonstances de leur action animent, à des degrés différents, l'activité artistique et lui impriment une direction. Parmi toutes ces causes, quelles sont celles qui exercent le plus d'influence et déterminent plus particulièrement les caractères d'un style particulier à ce qu'il faut appeler l'art japonais?

J. Geslin,

Architecte et peintre, ancien inspecteur au Musée du Louvre.

28 *Juin* 1873.

QUESTIONNAIRE

SUR LA SÉRICULTURE

ET

L'INDUSTRIE DES SOIES.

Quoique l'épidémie des vers à soie, qui ravage nos magnaneries depuis plus de vingt ans, soit généralement entrée, en France et en Italie, dans sa période de décroissance, elle est encore assez intense, dans nos départements essentiellement producteurs de soie, pour qu'il soit difficile, et trop souvent même impossible, d'y obtenir des récoltes avec les graines de nos races locales.

Dans ces contrées, l'on ne peut réussir les éducations des vers à soie qu'en employant des graines importées du Japon, pays dans lequel les races ont conservé assez d'énergie vitale pour résister, la première année de leur introduction, aux influences épidémiques restées plus ou moins intenses.

Quant aux graines de nos anciennes et si belles races, faites dans quelques localités privilégiées d'où l'épidémie se retire plus ou moins, et provenant de sujets que l'on peut considérer comme dans un état de convalescence, leur vitalité est encore trop affaiblie. Elles réussissent bien dans les pays plus ou moins guéris où elles ont été confectionnées, mais ne peuvent résister dans ceux encore plus ou moins malades où les graines du Japon donnent de bons produits, au moins la première année de leur introduction.

Ce fait considérable, qui domine toutes les questions relatives à l'industrie de la soie en France et en Italie, donne un moyen pratique de déterminer le degré plus ou moins avancé du retrait de l'épidémie. En effet, il est évident que l'influence épidémique n'existe plus ou est moins forte dans les localités où nos races locales réussissent plus ou moins généralement. Son intensité est encore plus ou moins forte dans les contrées essentiellement séricoles, où l'on ne peut généralement réussir qu'en employant des graines provenant du Japon.

Du reste, les statistiques, quelque imparfaites qu'elles soient, viennent démontrer l'exactitude de cette observation pratique. Elles montrent que, dans tous les départements grands producteurs de soie, les cocons de races japonaises dominent. Il suffit de visiter les marchés de cocons et les approvisionnements des filatures pour savoir si une contrée est délivrée de l'épidémie ou encore plus ou moins sous son influence.

Ainsi, par exemple, les départements du Gard, de l'Ardèche, de la Drôme, de Vaucluse, qui sont encore très-malades, ne peuvent obtenir des récoltes sérieuses de cocons qu'en employant des graines venant, directement et chaque année, du Japon. Dans ces départements, l'on voit très-peu de cocons de nos races locales, attendu que ces races n'y réussissent que par exception, ces réussites indiquant, pour ainsi dire, les points où le mal est un peu moins intense.

Au contraire, dans certains départements peu ou point producteurs de soie, comme la Marne, la Savoie, l'Isère, les Hautes et Basses-Alpes, le Var, les Pyrénées, etc., les cocons des races locales dominent sur les marchés, et dans les approvisionnements des filatures, et alors les races japonaises n'apparaissent plus que par exception.

Malheureusement notre production de soie ne provient pas de ces localités peu ou point malades, mais essentiellement des contrées encore sous l'influence épidémique, dans lesquelles les races japonaises presque seules peuvent donner des récoltes satisfaisantes.

Dans ces conditions, et ainsi que l'a établi si judicieusement la commission des soies de la Société d'Agriculture de Lyon, dans son rapport sur les opérations de 1869, comme *il est essentiel que la production ne se ralentisse point, la prudence veut que l'importation des cartons du Japon soit maintenue et encouragée comme étant,* quant à présent, *le moyen le plus sûr pour obtenir une abondante récolte* [1].

Il appartient au Congrès international des orientalistes d'intervenir dans cette grave question. Déjà le savant président de son Comité d'organisation a enrichi la sériculture de précieux documents à ce sujet dans un excellent et remarquable ouvrage [2] qui a fait une grande sensation parmi les agriculteurs qui s'occupent de la production de la soie dans tous les pays. Nous possédons aussi d'autres documents intéressants publiés en France par M. Isidore Dell' Oro [3], par M. le Dr Mourier [4], et un mémoire publié à Yokohama en 1870 par MM. Brunat, Davison et Piquet, suivi de la tra-

---

[1] *Rapport de la Commission des soies* sur les opérations de l'année 1869, p. 28.

[2] *Traité de l'éducation des vers à soie au Japon*, etc., traduit du japonais, par Léon de Rosny. *Paris*, 1868.

[3] *De l'éducation des vers à soie au Japon*. 1866. — *La sériciculture au Japon et en Europe*. 1872.

[4] *Étude complète de l'éducation des vers à soie*, par Shimidreu-Kenzaimon, traduit par le Dr P. Mourier. 1868.

duction du deuxième rapport de M. Adams, secrétaire de la Légation anglaise au Japon [1]. De plus, les recueils des Sociétés agricoles et les journaux spéciaux sont remplis d'articles plus ou moins intéressants sur la sériculture japonaise, dans lesquels on trouve les renseignements les plus détaillés sur la manière de procéder de ces populations dans la confection des graines, généralement si bonnes, qu'ils nous ont fournies jusqu'à présent. Ces recueils traitent souvent la question d'importation de ces graines; ils indiquent les besoins de nos sériculteurs et leurs *desiderata*.

Les besoins de l'industrie et du commerce en soies de toute nature et en déchets de soie de toutes qualités ne sont-ils pas tellement immenses et illimités, qu'il y a utilité pour tous les pays producteurs à joindre leurs efforts dans l'étude de ces questions sans rivalités entre eux et sans jalousie, contre les pays séricoles nouveaux?

L'importation des soies filées et déchets de soie est-elle un fait passager ou doit-on la considérer comme un fait désormais permanent?

S'il doit être permanent, n'y a-t-il pas lieu à le régulariser et à l'améliorer, par quels moyens?

---

[1] *Mémoire* par MM. Brunat, Davison et Piquet; suivi de la traduction du deuxième Rapport de M. Adams, secrétaire de la Légation anglaise au Japon. *Yokohama*, 1870.

La décroissance de l'épidémie du ver à soie en Europe est-elle assez caractérisée pour nous autoriser à négliger l'emploi des graines orientales?

Importance relative, pour l'Europe, de toutes les graines de vers à soie de l'orient de l'Asie et de l'extrême Orient.

Devons-nous continuer à nous occuper exclusivement du Japon quant aux graines, et spécialement du Japon quant aux soies filées et déchets de soie?

Devons-nous étudier exclusivement le Japon pour la culture du mûrier, l'éducation des vers, le filage, le tissage, la teinture, les outillages et procédés de ces industries?

Est-il, dans ces industries, des espèces, des méthodes, des procédés, des outillages qu'il serait bon d'importer en Europe? — Lesquels et par quels moyens?

N'y a-t-il pas lieu, par exemple, de se préoccuper de ce fait que : au Japon, les espèces de mûrier utilisées sont plus variées qu'en Europe; que leurs diverses feuilles sont employées selon l'âge des vers, cueillies autrement, traitées avec plus de soin, tout spécialement pour les cocons de grainage; — de nous approprier rapidement les espèces de mûrier encore non vulgarisées en France; — et d'appeler énergiquement l'attention sur ce fait capital, selon les Japonais, que chez eux les vers à soie ne sont élevés qu'en petites éducations, dans des constructions plus isolées, mieux aérées et mieux assainies qu'en Europe, en France du moins?

Et notre production dans le midi de la France et en Italie étant inévitablement une affaire industrielle conduite sur une plus grande échelle, n'y a-t-il pas lieu d'y adapter de profondes modifications qui paraissent conseillées par les avantages que présentent, au Japon, les éducations morcelées?

Mentionner les fraudes déjà constatées dans la confection et l'importation des graines japonaises.

L'estampille consulaire a-t-elle des avantages sérieux? n'a-t-elle pas de graves inconvénients?

Les éleveurs européens agissent-ils vis-à-vis des négociants importeurs de façon à encourager la capacité et la bonne foi dans les importations de graines?

Est-il vrai que les graines japonaises importées en Italie sont généralement de beaucoup meilleure qualité que celles importées en France?

Y a-t-il lieu de recommander exclusivement un seul mode d'approvisionnement en graines de vers à soie, à savoir :

1° L'achat par mandataires désintéressés et irresponsables, achetant, *au mieux*, avec des capitaux fournis d'avance par des particuliers ou des sociétés ou par les gouvernements;

2° La spéculation pure à ses risques et périls complets;

3° La Commission commerciale?

Y a-t-il lieu, au contraire, de laisser, comme aujourd'hui, fonctionner ces modes divers en concurrence désordonnée et sans contrôle organisé?

Le respect de la liberté, des intérêts engagés, des services rendus, interdit-il au Congrès de combattre tel ou tel système?

Doit-il se borner à organiser un contrôle permanent volontaire et scientifique au moyen d'une Commission qui fonctionnerait, au Japon et en Europe?

Cette Commission ne devrait-elle pas s'adjoindre au Japon, à titre gratuit ou salarié, tels indigènes ou Européens résidant dans l'extrême Orient qui y auraient fait preuve de capacité spéciale ?

Les fonds de cette Commission ne devraient-ils pas être faits d'abord par les sériculteurs et les sociétés libres pour plusieurs années d'avance et par chiffres dignes de la grandeur du sujet qui nous occupe ?

Les gouvernements ne devraient-ils pas être sollicités seulement de subvenir, dans ces frais, pour une somme double de celles fournies par les deux sources précédentes, vu l'intérêt général de la question ?

Des prix annuels ne devraient-ils pas être créés sur ces fonds et distribués par la Commission avec ou sans intervention académique ou officielle ?

Est-il vrai de dire que les cartons inférieurs en prix sont souvent les meilleurs en qualité ? — Ne serait-ce pas absolument contraire à l'opinion des Japonais (Dr *Mourier*) ? — S'il y avait du vrai dans cette assertion, ne résulterait-il pas de ce fait que les avaries de garde et de route sont dans nos insuccès, au moins à l'éclosion, pour une part plus considérable qu'on ne le croit ?

S'est-on suffisamment occupé d'étudier les avaries, le conditionnement, la garde, le voyage ?

Les modes de garde japonais, le refroidissement, par exemple, seraient-ils appliqués avec succès à nos propres graines de pays ?

Ne devrait-on pas généraliser, en Europe, l'examen des cartons avant et après l'éclosion ?

Y a-t-il lieu d'expérimenter au Japon les systèmes de sélection pratique et d'examen microscopiques, système Pasteur, Béchamp, etc., d'analyse chimique, etc., tant pour les feuilles que pour les chrysalides, graines et parasites ?

Maladie de l'Ougi. — Y a-t-il danger de l'importer en Europe avec des graines de basse qualité? — Ougi du ver à soie de l'Ailante. — La grosse mouche en Chine, etc.

Actuellement, au Japon, les acheteurs les plus honorables, les plus expérimentés, indigènes ou japonais, ont-ils des moyens sûrs de connaître la provenance des graines, comme qualité, localité, nom de producteur?

Les Japonais ne connaissent-ils réellement que de nom la muscardine, la pébrine, la flacherie, etc.? — Que supposent-ils être la cause des maladies de nos vers?

Sont-ils bons connaisseurs en graine ou l'achètent-ils de confiance (Dr *Mourier*)?

Les nombreuses publications récentes ou japonaises sur le ver et le mûrier sont-elles suffisamment appréciées, connues et répandues?

Comparer la culture, l'élevage, le grainage de l'extrême Orient, avec ceux des pays d'Europe et de France, épargnés par les maladies du ver à soie ou guéris de ces maladies, et rechercher si la maladie des vers ne tient pas à une dégénérescence du mûrier ou à une détérioration du sol.

Quels sont les moyens d'approvisionnement en graines de ver à soie au Japon et dans les divers pays d'Europe, en Italie spécialement? Quels sont les prix payés dans ces divers pays pour les graines de ver à soie?

Est-il juste d'accuser les Italiens d'avoir causé seuls l'énorme hausse du prix des graines?

Cette hausse est-elle évitable? — Par quels moyens?

Existe-t-il un rapport entre la hausse du prix des soies et celui des graines? — Lequel?

Appeler l'attention sur le prix énorme des cocons de graine au Japon, trois fois le prix des cocons de filage ; et sur ce fait que dans l'intérieur du Japon le vrai carton de choix, tel que le prend l'éleveur japonais riche, a été payé couramment, par ce dernier, au producteur 6 francs. (*D. Oro.*)

Ce prix, augmenté du transport à Yokohama, des droits d'accise, d'estampille consulaire, de douane et de visite à la sortie, des commissions d'achat et d'expédition, du conditionnement, des fret, assurance, débarquement, des douane française et frais de banque sans parler des pertes et avaries, met le carton à Marseille à..... francs.

D'où la nécessité, pour le spéculateur, en présence des prétentions et résistances de l'acheteur français, d'acheter au Japon beaucoup de graines inférieures.

Les Européens doivent-ils demander le droit de pénétrer à l'intérieur du Japon pour acheter eux-mêmes les graines directement au producteur ; le droit d'y surveiller les grainages achetés par eux en cours d'opération ; le droit d'y élever des vers à soie eux-mêmes ou au moins d'y faire grainer eux-mêmes des cocons de leur choix ?

Les Japonais et les sériculteurs ou acheteurs de soie étrangers ont-ils intérêt à ce que les Européens puissent posséder ou affermer des terres au Japon ou prêter sur hypothèque dans ce pays?

Ont-ils intérêt à ce que tous les Européens puissent voyager librement dans l'intérieur du pays?

Des deux libertés ci-dessus, si elles nous étaient concédées, ne résulterait-il pas, pour les Japonais, peuple jeune, amoureux de changement et sans expérience des Européens et des choses européennes, des mécomptes, des inconvénients graves de toute nature, et, pour les Européens, des complications nouvelles et fâcheuses?

Dans les zones actuellement ouvertes aux étrangers, n'y aurait-il pas avantage à ce que le commerce fût dégagé de toute complication et entrave officielle apparente ou cachée, savoir, par exemple, timbrage des cartons, visite et droit de douane à la sortie, procédés arbitraires de la douane japonaise pour le papier-monnaie ou les espèces reçues par elle en payement des droits, etc.?

Enfin et surtout les puissants syndicats financiers et commerciaux japonais, encouragés par le gouvernement du Mikado et sur lesquels il s'appuie incessamment, ne font-ils plus, aujourd'hui encore, obstacle à ce que les Européens traitent directement avec le propriétaire vrai des marchandises de toute nature?

Dans quelle mesure l'industrie des soies doit-elle encourager l'industrie de l'élevage des vers pour la filature ou pour la graine dans des pays plus septentrionaux ou situés à une altitude plus grande que les localités actuellement en possession de cette industrie?

Y a-t-il avantage à encourager l'acclimatation, en Europe, des races de vers polivoltins; l'acclimatation des Bombyx, du Chêne, de l'Ailante, etc.?

N'y a-t-il pas lieu de joindre aux études relatives aux soies, vers à soie et mûriers l'étude du Morus papyrifera et des bois, bambous et joncs, utilisés en Chine et au Japon pour les magnaneries, les papiers et cartons, corderie, etc.?

L'Europe a-t-elle des conseils à donner aux sériculteurs et fileurs chinois et japonais, indiens et autres? — Quels conseils ?

Devons-nous conseiller aux Japonais d'introduire, chez eux, nos belles races européennes qui, aujourd'hui, sont si compromises par l'épidémie ? (*Dell'Oro.*)

Devons-nous nous-mêmes, mais seulement à titre et en proportions de simples essais scientifiques et pour grainage uniquement, tenter de produire, en Chine et au Japon surtout, de petites quantités de vers à soie de races européennes?

Au Japon, serait-il désirable que quelques Européens pussent faire eux-mêmes des éducations de grainage? — Avec quelle race japonaise? — Dans quelles localités?

Devons-nous nous efforcer de faire race, pour l'Europe, des graines japonaises par des acclimatations intermédiaires de ces graines en Turquie, en Perse, en Asie Mineure, en Grèce, en Sicile, en Algérie, à Tunis?

Les réunions périodiques relatives à la question des soies, et actuellement existantes, sont-elles constituées de manière à rendre tous les services désirables?

Devons-nous demander aux gouvernements de diriger nos efforts; devons-nous leur demander leur coopération ou seulement bienveillance et appui pour nos études et nos travaux ?

L'étude de la langue japonaise est-elle suffisamment vulgarisée? Peut-elle l'être davantage? Rapidement?

N'y a-t-il pas lieu de demander à tous les gouvernements d'encourager, d'une manière sérieuse et promptement, l'étude de la langue japonaise pour le service du commerce, et tout spécialement de l'industrie des soies? — Sur quelles bases? — Par quels moyens?

P. S. — Les prix payés à l'*intérieur* de Yokohama pour les graines de vers à soie de bonne qualité n'ont-ils pas été, en 1872, beaucoup plus élevés que celui porté à la page LXXV? — De combien?

Les exporteurs de Yokohama ont-ils, à la dernière campagne, réalisé de très-grands bénéfices? — Dans quelle proportion?

Ces bénéfices sont-ils excessifs, sont-ils dommageables à l'élevage européen?

Les Membres de la Commission,

E. MADIER-MONTJAU, P. ORY, GUÉRIN-MÉNEVILLE.

CIRCULAIRES

DES

COMITÉS ET DES DÉLÉGUÉS ÉTRANGERS

PUBLIÉES SUIVANT L'ORDRE DE LEUR ENVOI AU COMITÉ NATIONAL D'ORGANISATION.

HOLLANDE.

INTERNATIONAAL CONGRES VAN ORIENTALISTEN.

Onder leiding van eene, uit de eerste Oriëntalisten van Frankrijk zamengestelde Commissie zal te Parijs van **1—10** September e.k. een *Internationaal Congres van Oriëntalisten* worden gehouden; de eerste vijf dagen gewijd aan Japansche en Sjineesche, de volgende dagen aan de Egyptische, Assyrische, Semitische, Indische, Iranische, Nieuw-Grieksche, Tartaarsche, Indo-Sjineesche en Oceanische Studiën.

Tot deelneming worden alle belangstellenden genoodigd, onder de volgende bepalingen :

Opgaaf van *naam, voornamen, betrekking* en *woonplaats* en betaling van *twaalf franken*, waarvoor men, behalve het lidmaatschap met de daaraan verbonden regten, ook de aanspraak erlangt op een exemplaar der *Mémoires*, die tegen het einde van het jaar in **1** groot deel **8°** met houtsneden en gravures, in het licht gegeven en buiten het lidmaatschap slechts tegen vijf en twintig franken afgeleverd zullen worden.

Tot en met den 25 der loopende maand kunnen deze opgaven bij den ondergeteekende, als gemagtigde van het Congres voor Nederland ingezonden en de lidmaatschapsbewijzen door zijne tusschenkomst verkregen worden; na dien tijd echter slechts bij den heer *Le Vallois, Capitaine du génie, orientaliste, Secrétaire du Comité national d'organisation du Congrès international des Orientalistes*, rue Régis, 4, à Paris.

Het Comité zal trachten voor de deelnemers op vertoon van hunne kaarten, die *persoonlijk* zijn, verminderde prijzen bij verschillende spoorwegen, en, op tijdige aanvraag, tegen billijke berekening goed verblijf te Parijs te bedingen.

Van onderwerpen die men aan de bespreking en beraadslaging wenscht aan te bevelen, gelieve men vóór den 15 Augustus e. k. kennis te geven aan bovengenoemden Secretaris, den heer Le Vallois, of aan den Voorzitter van het Comité national d'organisation, M. le Prof. *Léon de Rosny*, rue des Frères Herbert, 61, à Levallois-Paris.

Bestuurders van Geleerde genoodschappen en andere inrigtingen worden vriendelijk verzocht, den inhoud van dit berigt ook aan hunne medeleden en ambtgenooten ter kennis te brengen en aan te bevelen.

Voor nadere inlichtingen kan men zich tot en met den 28 dezer rigten, aan

den gemagtigde voor Nederland,

Dr C. LEEMANS.

Leiden, 14 Julij 1873.

ESPAGNE.

CONGRESO INTERNACIONAL
DE LOS ORIENTALISTAS.

Los buenos resultados que para el progreso de las ciencias se han obtenido de los Congresos internacionales han animado, à lo que parece, á varios sábios orientalistas á convocar uno de esta clase en Paris para el próximo Julio. M. Léon de Rosny, secretario perpétuo de la Sociedad de etnografía, y uno de los sabios orientalistas más distinguidos de Francia, acaba de dirigirse con este objeto á su antiguo conocido y nuestro distinguido amigo el Sr. Vazquez Queipo, rogándole lo ponga en conocimiento de los sábios españoles, por si hubiese entre ellos algunos que tuviesen interés en formar parte de dicho Congreso.

A este fin le acompaña el siguiente programa, que nos apresurámos á trascribir, á ruego de nuestro precitado amigo :

« El primer Congreso internacional de los orientalistas se abrirá en París el martes 22 de Julio de 1873.

El primer período de este Congreso durará cinco dias, empezando el 22 de Julio y cerrándose el 26 del mismo. Este período se consagrará especialmente á los estudios japoneses (japonés, chino, coreo, loutchouan, aino).

El segundo período empezará el dia 27 de dicho mes, y terminará el 29. Los trabajos de este período comprenderán los ramos siguientes de los estudios orientales :

1° Estudios égipcios (textos geroglíficos);
2° Estudios asyriológicos (inscripciones cuneiformes).
3° Estudios semíticos.
4° Estudios indianos, iranianos y dravidianos.
5° Estudios tártaros, indo-chinos, etc.

Todas las personas que tengan interés en los estudios orientales en general, y en las cuestiones relativas al Japon, á su literatura, á su historia, á sus artes y su industria y comercio, pueden ser miembros del Congreso, dirigiéndose desde luego en solicitud de una carta de admision á la Comision general de organizacion, ó cualquiera de sus correspondientes.

A esta solicitud deberá acompañar una nota en que se indique :

1° El nombre y apellido.
2° Su cualidad ó categoría.
3° Su direccion ó señas del domicilio.
4° La suma de 12 pesetas, cuota de la suscricion.

Las personas que hayan solicitado cartas de miembros no tienen obligacion de asistir al Congreso, y recibirán en su domicilio todas las publicaciones y documentos que emanen de aquel.

Se suplica á los que piensen trasladarse á Paris que tengan la bondad de comunicarlo inmediatamente á M. Julien Duchâteau, tesorero, 48, rue Monsieur-le-Prince, á fin de obtener cartas (así lo espera la Comision de organizacion), que les permitan viajar á un precio reducido en los ferro-carriles. La Comision se encarga tambien de buscar alojamientos en las condiciones más ventajosas, conforme á las instrucciones que se la den.

Los miembros que quieran hacer comunicaciones al Congreso, se servirán comunicarlo a la Comision ántes del 15 de Junio.

Todas las comunicaciones deberán franquearse y llevar el siguiente sobre : A monsieur le Président du Congrès international des orientalistes, 48, rue Monsieur-le-Prince, à Paris.

Los que quieran dirigirse al Sr. Vazquez Queipo, como correspondiente de la Comision, pueden hacerlo : 71, Hortaleza, principal derecha.

La Junta de organizacion, deseosa de que el primer Congreso reuna en su seno todas las personas que se distinguen por su amor y conocimientos en los estudios orientales, y muy señaladamente los ilustres profesores que tienen á su cargo la enseñanza de estas lenguas en los diferentes paises, considerando que la época señalada para la reunion del Congreso coincide con la de los exámenes de fin de curso á que han de asistir dichos profesores, ha acordado prorogar su apertura hasta el 1.º del próximo Setiembre, en que definitivamente tendrá lugar.

La importancia que hoy tiene el estudio de las lenguas china y japonesa en el momento en que ambas naciones, y especialmente la última, caminan á pasos agigantados y firmes hácia la civilizacion europea, forzosamente ha de hacer interesantísimas las publicaciones del Congreso. La Junta directiva, con el fin de facilitar la adquisicion de aquellas publicaciones, ha fijado la suscricion en la módica suma de 12 pesetas; y no dudamos que todas las corporaciones científicas y las bibliotecas publicas se apresurarán á suscribirse. Al efecto pueden dirigirse al delegado de dicha Junta Don Vicente Vazquez Queipo, 71, Hortaleza, principal, quien cuidará de remitirles oportunamente todas las publicaciones del Congreso.

VICENTE VASQUEZ QUEIPO.

Madrid, 12/7 1873.

GRAND-DUCHÉ DE LUXEMBOURG.

CONGRÈS INTERNATIONAL DES ORIENTALISTES.

Un Congrès international d'orientalistes s'ouvrira à Paris le 1er septembre prochain. Le Grand-Duché de Luxembourg ne pouvait rester désintéressé, dans une entreprise scientifique à laquelle doivent prendre part des représentants de toutes les nations éclairées du globe.

En conséquence, un comité luxembourgeois s'est constitué dans le but d'inviter les savants de notre pays à inscrire leur nom sur la liste des souscriptions du Grand-Duché.

Le Congrès comprendra deux réunions. La première sera consacrée aux études japonaises, chinoises, tartares et indo-chinoises. La seconde sera consacrée aux études égyptiennes, assyrologiques, sémitiques, indiennes, neo-helléniques, iraniennes.

Les différentes branches des études orientales sus-mentionnées seront traitées par les membres du Congrès aux points de vue les plus variés, ainsi qu'il résulte de la division suivante des travaux :

A. — Archéologie; — Beaux-Arts; — Ages préhistoriques.

B. — Linguistique comparée; — Alphabets linguistiques.

C. — Politique et économie politique de l'Orient.

D. — Ethnographie : — Origine des nations, mœurs, costumes, institutions.

E. — Sciences exactes et sciences naturelles.

F. — Médecine des Orientaux.

G. — Agriculture et industrie; — Fabrication des tissus et du papier; — Imprimerie; Métallurgie; Tabletterie; — Bijouterie, etc., etc.

H. — Commerce et finances; — Établissements de crédit; — Force productive des nations.

I. — Sériciculture et industrie de la soie.

De nouvelles sections pourront être organisées sur la demande motivée de membres souscripteurs du Congrès.

La souscription, fixée à 12 francs, donne droit à une carte de membre, et à un volume orné de planches, dans lequel seront publiés les meilleurs travaux du Congrès. Ce volume, après la publication, ne pourra être obtenu dans le commerce à un prix inférieur à vingt-cinq francs.

Pour devenir membre du Congrès il suffit d'en adresser la demande soit au délégué pour le Luxembourg, M. le professeur Blaise, 8, rue Saint-Philippe, à Luxembourg, soit au Comité central d'organisation, 49, rue de Rennes, à Paris. A cette demande on devra joindre le montant de la cotisation (12 fr.), ses noms, prénoms, qualités et adresse.

Les personnes qui auront demandé des cartes de membres ne sont point tenues de se rendre à Paris, et pourront recevoir à leur domicile toutes les publications et documents émanant du Congrès.

Celles qui auront l'intention de se rendre en France sont priées d'en informer le délégué à Luxembourg ou le Comité central à Paris, de façon à obtenir des cartes qui (le Comité d'organisation l'espère) permettront de voyager à prix réduit sur divers chemins de fer. Le Comité, qui s'est constitué en permanence, enverra des délégués recevoir les membres à leur arrivée, afin de leur fournir des indications pour obtenir des chambres et des restaurants à des prix en rapport avec la fortune de chacun.

Le Délégué, J. BLAISE, *à Luxembourg.*

SUISSE.

CONGRÈS INTERNATIONAL DES ORIENTALISTES.

La Circulaire du Comité national suisse étant rédigée dans les mêmes termes que la précédente, nous nous bornerons à reproduire les passages suivants :

La Suisse ne peut rester désintéressée dans une entreprise scientifique à laquelle doivent prendre part des représentants de toutes les nations éclairées du globe.

En conséquence, un Comité suisse s'est constitué dans le but d'inviter les savants de notre pays à inscrire leur nom sur la liste des souscripteurs de la Confédération helvétique.

Pour devenir membre du Congrès, il suffit d'en adresser la demande au Délégué pour la Suisse, rue de l'Hôtel-de-Ville, à Genève.

Le Délégué pour la Suisse, FRANÇOIS TURETTINI.

GRÈCE.

ΔΙΕΘΝΕΣ ΣΥΝΕΔΡΙΟΝ
ΤΩΝ ΑΝΑΤΟΛΙΣΤΩΝ.

Συνέδριον Α΄. — 1873-εἰς Παρισίους ἀπὸ τὴν 1ην μέχρι τῆς 9ης Σεπτεμβρίου.

Τὸ διὰ πασῶν σχεδὸν τῶν Παρισιανῶν ἐφημερίδων προαγγελθὲν Συνέδριον τῶν Ἀνατολιστῶν, ἄρξεται τῶν συνεδριάσεων αὐτοῦ τὴν 1ην προσεχοῦς Σεπτεμβρίου.

Εἰς ἐπιστημονικὴν ἐπιχείρησιν καθ' ἣν θὰ λάβωσι μέρος ὅλων τῶν πεφωτισμένων ἐθνῶν τῆς υφηλίου ἀντιπρόσωποι, ἡ Ἑλλὰς βεβαίως δὲν ἠδύνατο ν' ἀδιαφορῇ· δι' αὐτὸ καὶ κομητάτον συνέστη σκοπὸν ἔχον τὴν εἰδοποίησιν καὶ παράκλησιν τῶν σοφῶν τῆς πατρίδος μας ἵνα συνδράμωσι δι' ἀνταγωνισμοῦ των τὰς ἐν τῷ Συνεδρίῳ διαπραγματευθησομένας κοινωφελεῖς σπουδὰς καὶ ἐγγραφθῶσι ἐν τῇ σημειώσει τῶν συνδρομῶν τῆς Ἑλλάδος.

Τὸ Συνέδριον συμπεριληφθήσεται εἰς δύο συνάρσεις καὶ ἡ μὲν πρώτη ἀφιεροῦται εἰς Ἰαπωνικὰς, Σινικὰς, Ταταρικὰς, καὶ Ινδοσινικὰς σπουδάς. Ἡ δὲ δευτέρα εἰς Αἰγυπτιακὰς, Ἀσσυριακὰς, Σεμιτικὰς, Ἰνδικὰς, Νεοελληνικὰς καὶ Ἰρανικάς.

Οἱ διάφοροι κλάδοι τῶν ανωθεν ἀναφερωμένων σπουδῶν διαπραγματευθήσονται ὑπὸ τῶν μελῶν τοῦ Συνεδρίου καὶ ὑπὸ ποικίλην ἔποψιν. Ἡ ἑπομένη διαίρεσις τῶν ἐργασιῶν δίδει ἰδέαν αὐτῶν.

Α΄. — Ἀρχαιολογία. Ὡραῖαι τέχναι. — Προϊττορικοὶ αἰῶνες.

Β΄. — Νέα ποίησις.

Γ΄. Διαλεκτικαὶ παραβολαί. — Γλωσσικὸν ἀλφάβητον.

Δ΄. — Πολιτικὴ καὶ πολιτικὴ οἰκονομία τῆς Ανατολῆς.

Ε΄. — Ἐθνογραφία. — Καταγωγὴ τῶν ἐθνῶν, ἤθη καὶ ἔθιμα, καθεστῶτα.

Στ΄. — Βάσιμαι καὶ φυσικαὶ ἐπιστῆμαι.

Ζ΄. — Ἰατρικὴ τῶν ἀνοτολικῶν.

Η'. — Γεωργία καὶ βιομηχανία. — Κατασκευὴ ὑφασμάτων καὶ χάρτου. — Τυπογραφία, Μεταλλουργία, Σκευοποιΐα, Χρυσοχοϊκή, κτλ., κτλ.

Θ'. — Ἐμπόριον καὶ πρόσοδοι. — Πιστωτικὰ καταστήματα — Τελεσφόρος δύναμις τῶν ἐθνῶν.

Ι'. — Μεταξοσκωληκοτροφία καὶ ἐπεξεργασία τῆς μετάξης.

Δύνανται νὰ ὀργανισθῶσι καὶ ἄλλα τμήματα δι' ἀπαιτήσεως τῶν ὑπογεγραμμένων μελῶν.

Ἡ συνδρομὴ ὁρισθεῖσα εἰς **12** φράγκα χορηγεῖ εἰς τὸν εἰσφέροντα αὐτὴν ἓν σύμβολον μέλους καὶ τόμον κεκοσμημένον διὰ πινάκων ἐν' ᾧ καὶ δημοσιευθήσονται αἱ ἐπισημότεραι ἐργασίαι τοῦ Συνεδρίου.

Ἵνα γίνῃ τις μέλος τοῦ Συνεδρίου ἀρκεῖ ν' ἀπευθυνθῇ εἰς τὸν ἐπιτετραμμένον διὰ τὴν Ἑλλάδα εἰς τὸ κεντρικὸν κομητάτον, **49, rue de Rennes, à Paris.** Ἡ ἀπαίτησις δέον νὰ συνοδεύεται μετὰ τοῦ ἀναφερομένου ἐράνου (**12** φρ.) ὀνόματος προονυμίου καὶ τακτικῆς διευθύνσεως.

Ὅσοι ἤθελον ζητήσει σύμβολον μέλους δύνανται, χωρὶς νὰ ἔλθωσιν εἰς Παρισίους, νὰ στείλωσιν ἐργασίας των εἰς τὸ Συνέδριον, καὶ ἀπολαύσωσιν εἰς τὴν κατοικίαν των ὅλας τὰς δημοσιεύσεις αὐτοῦ.

Οἱ ἐπιθυμοῦντες ὅμως νὰ παρευρεθῶσιν εἰς τὸ Συνέδριον παρακαλοῦνται νὰ εἰδοποιήσωσι τὸ κεντρικὸν κομητάτον ὅπως τοὺς ἀποστείλῃ γραμμάτια δυναμει τῶν ὁποίων δύνανται νὰ ἔλθωσιν εἰς Παρισίους διὰ τῶν διαφόρων Εὐρωπαϊκῶν σιδηροδρόμων πληρόνοντες μόνον ἡμισείαν τιμὴν (αἱ ἑταιρίαι ἐχορήγησαν τὸ μέσον τοῦτο καὶ τὴν εὐκολίαν εἰς τὴν κοινωφελῆ ταύτην ἐπιχείρησιν).

Τὸ δὲ κομητάτον θὰ ἔχῃ τὴν φροντίδα νὰ στείλῃ ἀπεσταλμένους πρὸς ἀποδοχὴν τῶν μελῶν ὁδηγοῦντας ἐν ταυτῷ αὐτὰ εἰς ξενοδοχεῖα τῆς ἐπιθυμίας των καὶ κατὰ τὰς δυνάμεις ἑκάστου.

Ὁ ἐπιτετραμμένος διὰ τὴν Ἑλλάδα
Μέλος τοῦ Συνεδρίου,

Π. ΑΡΓΥΡΙΑΔΗΣ.

Υ. Γ. Τὴν 8ην ἢ 9ην Σ=βρίου θὰ ἐξετασθῶσιν ἰδιαιτέρως αἱ Νεοελληνικαὶ σπουδαί.

PORTUGAL.

Congresso Internacional dos Orientalistas

1.º CONGRESSO EM PARIS

Desde o dia 1.º a 9 de Setembro de 1873.

Installar-se-ha um Congresso Internacional de Orientalistas em Paris no dia 1.º de setembro do presente anno. Portugal não poderia de certo ficar indifferente em uma empreza scientifica d'esta ordem, na qual tomarão parte os representantes de todas as nações cultas do mundo.

A Commissão Central da organisãçao do referido Congresso, desejosa de ver n'elle bem representada a nação, que franqueou ao mundo as portas do Oriente, estabeleceu uma delegação portugueza com o intuito de convidar os sabios do nosso paiz a inscreverem seus nomes na lista dos subscriptores de Portugal.

O Congresso comprehenderá duas secções : a primeira será destinada ao estudo das linguas japoneza, chineza, tartara e indo-chineza ; a segunda secção occupar-se-ha dos estudos egypticios, assyriologicos, semiticos, indianos, iraniannos, néo-hellenicos, etc.

Os differentes ramos dos estudos orientaes serão tratados pelos membros do Congresso sob os mais variados pontos de vista, como indica a divisão seguinte dos trabalhos :

A — Archeologia; — Bellas artes ; — Idades pre-historicas.

B — Lingual-comparado ; — Alphabeticos linguaes.

C — Politica e economia politica do Oriente.

D — Ethnographia ; — Origem das nações, usos, costumes, instituições.

E — Sciencias exactas e sciencias naturaes.

F — Medicina dos Orientaes.

G — Agricultura e industria ; — Fabricação dos tecidos e do papel ; — Imprensa ; — Metallurgia ; — Caixaria ; — Joalheria, etc., etc.

II — Commercio e finanças; — Estabelecimentos de credito — Força productiva das nações.

I — Sericicultura e industria da seda.

Outras novas secções se poderão organisar quando os membros subscriptores fizerem o pedido motivado.

A subscripção, sendo fixada em **2$160** réis (12 fr.s) dá direito a uma carta de membro e a um volume ornado de estampas, no qual serão publicados os principaes trabalhos do Congresso. Este volume, depois de ser publicado, não se poderá obter no mercado por menos de **4$500** réis (25 fr.s).

Para ser considerado membro do Congresso, será sufficiente dirigir um pedido ao delegado em Portugal, J. P. N. da Silva, ***Rua de Santo Antonio, à Estrella, n.º 33, em Lisboa***, ou á Commissão Central da organisação, *Rua de Rennes, n.º 49, em Paris*. A este pedido se deverá ajuntar a quantia da subscripção, nomes, titulos, emprego ou occupação, e morada do subscriptor.

As pessoas que pedirem diploma de membro não são obrigadas a comparecerem em Paris, podendo receber no seu domicilio todas as publicações concernentes ao Congresso.

As que tiverem tenção de irem a Paris, pede-se-lhes que queiram informar o delegado em Lisboa, afim de obterem as cartas que a commissão de organisação espera alcançar, para que a viagem seja a preços reduzidos nos diversos caminhos de ferro.

A commissão, que está constituida permanentemente, enviará além d'isso delegados para receber os membros do Congresso á sua chegada, para lhes indicar e obter hospedagem e refeições, a preços em relação á vontade de cada um.

Lisboa, **1** de agosto de **1873**.

O Delegado em Portugal

JOAQUIM POSSIDENIO NARCIZO DA SILVA.

ITALIE.

PRIMO CONGRESSO INTERNAZIONALE DEGLI ORIENTALISTI.

Il 1 settembre p. v. si aprirà in Parigi un Congresso internazionale di Orientalisti.

Il Congresso durerà giorni ot o.

L'Italia prenderà certamente interesse ad una impresa scientifica alla quale partecipano, per mezzo de' loro rappresentanti, tutte le nazioni civili.

Fu perciò costituito un Comitato coll' incarico di invitare gli Italiani, che coltivano ed amano gli studj orientali, ad apporre il loro nome fra i soscrittori al mentovato Congresso.

Il Congresso comprenderà due sezioni. L'una si occuperà degli studj giapponesi, cinesi, tatari ed indo-cinesi; l'altra sarà consacrata agli studj egizj, assirj, semiti, indiani, iranj, neo-ellenici, ecc., ecc.

Dal prospetto de' lavori, de' quali si occuperà il Congresso, appare che le materie attinenti agli studj orientali vi saranno trattate sotto svariati punti di vista.

Il prospetto comprende i seguenti rami :

a] *Archeologia — Belle Arti — Età preistorica.*
b] *Linguistica comparata — Alfabeti.*
c] *Politica ed economia politica dell' Oriente.*
d] *Etnografia — Origine delle nazioni, loro usi, costumi, istituzioni.*
e] *Scienze esatte e naturali.*
f] *Medicina degli Orientali.*

g] *Agricoltura ed Industria — Tessuti e carta — Stamperia — Metallurgia — Intarsio — Giojelleria, ecc.*

h] *Commercio e finanze — Istituti di Credito — Prodotti.*

i] *Sericoltura ed industria serica.*

Dietro domanda di più Membri del Congresso, potranno costituirsi delle altre sezioni.

Chi desiderasse iscriversi Membro del Congresso dovrà pagare la tassa di L. 14. — (franchi 12. — in oro) e riceverà quindi la carta d'ammissione e gli atti del Congresso che si pubblicheranno, fra pochi mesi, in un volume a parte.

Le dimande e l'importo della tassa summentovata, devono essere dirette o al Sig. LEONE WEILL-SCHOTT *in Milano o al Comitato Centrale del Congresso, rue de Rennes, 49, in Parigi.*

I Membri del Congresso che volessero recarsi a Parigi hanno diritto a prezzi di favore sulle ferrovie francesi. Speciali Delegati a Parigi sono incaricati di ricevere all' arrivo i Membri esteri e di procurar loro l'allogio e tutte quelle indicazioni che agevolino il soggiorno in quella città.

I Delegati per l'Italia,

Prof. ANTELMO SEVERINI (*Firenze*).

LEONE WEILL-SCHOTT (*Milano*).

Milano, 1.° agosto 1873.

COMITÉ ISRAÉLITE.

יום מועד לדורשי לשונות בני קדם בכל הארץ

החברה הנועדה לדורשי לשונות בני קדם תקהל ביום ראשון לחדש ספטמבר הבעל פה עיר פריש

אליכם עברי נקרא וקולנו אל בני ישראל בכל מושבותם לאמר באו והלוו אלינו ואל חברתנו כאשר עשו כל חכמי העמים לארצותם ולגוייהם והיה גם לכם חלק ונחלה בכל הפעולות אשר נפעל ונעשה להגדיל חכמה ולהאדירה

דרישות רבות ועמוקות ידרשו ביום הקהל על כל לשונות עמי קדם הרחוקים והקרובים ובתוכם יעלו לרצון גם חקרי לשונות בני שם למשפחותם עברי וערבי וארמי ואשורי וכושי וקרוביהם

בראשי הפקודים לפקודת מדרש שפתי בני שם יעמד הרב הגדול איזידור רב על כל קהלות ארץ צרפת ועמו אחרים המהוללים לחכמה ולמדע

החפץ להתחבר להברה הזאת יתן 12 פרנק

הודעות ינתנו לכל שואל ברחוב Rue de Rennes, 49

יוסף הלוי

ANGLETERRE.

—

INTERNATIONAL CONGRESS OF ORIENTALISTS

First Congress — Paris — 1873

An International Congress of Orientalists will be held in Paris from the 1st to the 9th September next. The first five days will be devoted to the consideration of Japanese and Chinese subjects, and the following days, except Sunday, to other Oriental branches as Egyptian, Assyrian, Semitic, Indian, Iranian, Indo-Chinese, and Polynesian Researches.

The Languages, History, Arts and Sciences, Present Condition and Civilization of these Races, be will objects of the consideration of the Congress.

Orientalists desirous of participating in it, either by attending the meetings at Paris or by cooperating with its views, can do so by a subscription of 12 francs or 10 shillings, which gives the right of being present at the Sittings and of receiving a Volume, when printed, of Papers and Memoirs read before the Congress.

The Congress with be divided, for public convenience, into two Sections; the first of which will be devoted to Japanese and Chinese, and the second to the other researches above-mentioned.

Orientalists desirous of aiding the labours of the Congress are invited to address such Papers or Memoirs as they may have prepared, or such works as there may wish to present, to Robert K. Douglas, Esq., British Museum, Honorary Secretary of the English Committee, and any who may wish to be present at the Congress are also requested to send an early notice of their intention to the Honorary Secretary.

Tickets of admission may be obtained from him on application, accompanied with the amount of subscription.

S. BIRCH.

L. L. D. Chairman of the English Committee.

British Museum.

Aug: 18th 1873.

RUSSIE.

—

МЕЖДУНАРОДНЫЙ КОНГРЕСЪ ОРІЕНТАЛИСТОВЪ.

Перваго Сентября откроется въ Парижѣ ученое собраніе подъ названіемъ Международнаго конгреса Оріенталистовъ. Конгресъ обращается ко всѣмъ Европейскимъ ученымъ съ просьбою принять участіе въ его засѣданіяхъ. Цѣль его, ознакомить Европу съ главными вопросами промышленности, образованія и народнаго быта восточныхъ народовъ, оставляя совершенно въ сторонѣ вопросы политическіе. Конгресъ намѣренъ посвятить первую свою дѣятельность Японіи, странѣ, которая отличается отъ всѣхъ другихъ восточныхъ государствъ своимъ рвеніемъ въ усвоеніи результатовъ западной культуры.

Собраніе немало расчитываетъ на содѣйствіе Славянъ, поставленныхъ самимъ Провидѣніемъ на границѣ между Востокомъ и Западомъ и стоящимъ съ восточными народами въ болѣе тѣсныхъ связахъ нежели какой либо другой народъ Европы. Не знакъ ли времени, удобопонятный всякому Европейцу, и то, чему вся Европа была свидѣтельницею. Мы очевидцы того, что и не снилось отцамъ нашимъ : мы видѣли у сѣбя такихъ Державныхъ посѣтителей, какъ Турецкій Падишахъ, Шахъ Персидскій, Султанъ Марокскій, Кедивъ Египетскій, князья и министры государей Японскаго и Сіямскаго, пришедшихъ искать на Западѣ свѣту, принесеннаго къ намъ нѣкогда съ Востока. Недолжно-ли и намъ ознакомиться поближе съ ихъ землями ? Вотъ почему мы избрали ихъ предметомъ занятій нашаго международнаго ученаго конгреса.

Соизвольте послать намъ коголибо изъ вашей среды и адресовать отвѣтъ на наше приглашеніе слѣдующимъ образомъ :

Au Bureau du Congrès International des Orientalistes,
49, *rue de Rennes, à Paris.*

За россійскій комитетъ по делегаціи,

Л. ЗѢЛИНСКІЙ.

26 Августа (н. ст.) 1873 г.

POLOGNE.

KONGRES MIĘDZYNARODOWY ORIENTALISTÓW.

Dnia piérwszego września, b. r., w Paryżu otworzą się posiedzenia członków pierwszego Międzynarodowego Kongresu Orientalistów.

Kongres wzywa do grona swojego Orientalistów i uczonych, prosi ich do przyjęcia udziału w jego pracach, mając na celu poznajomić Europę ze zwyczajami, obyczajami, z moralnością, naukami, handlem przemysłem i domowym bytem główniejszych Państw Wschodu. Z politycznemi zadaniami Kongres bynajmniej nie ma nic do czynienia.

Pierwsze z posiedzeń będzie roztrząsać rzeczy Japonii, kraju który obecnie odznacza się gorliwą ochotą z jaką tam ludzie płci obojej biorą się do przyswojenia sobie wynalazków i ulepszeń cywilizacyi europejskiej. Członkowie Kongresu życzyliby sobie mieć Sławian za spółpracowników, gdyż Sławianie zamieszkując od wieków granice Wschodu z Zachodem, wiedzą i rozumieją lepiej niż inni Europejczycy, jakie są potrzeby materyalne i moralne tamecznego człowieka. Teraz, jeżeli kiedy pomóżmy jemu! Widziemy czego nie widziały dzieje przeszłości : mocarze wschodu, dobrowolnie przychodzą do stołu chrześcijańskiego : Turecki Sułtan, Szach Perski, Morokański Sułtan, Egiptski Chediw, książęta i ministrowie Chin, Japonii, Syjamu, z najgłębszego Wschodu przychodzą na Zachód, do nas szukać światła które niegdyś szło ze Wschodu. Wszystko to daje Kongresowi otuchę że grono jego pracuje dla dzieła ludzkości.

Przyszlijcie nam kogo z waszych!

Odpowiedź adresować :

Au Bureau du Congrès International des Orientalistes, à Paris, 49, rue de Rennes.

Za Komitet polski przez delegaciję
F. H. DUCHIŃSKI.

25 sierpnia 1873 r.

ALLEMAGNE.

Internationaler Orientalisten-Congress.

Ein internationaler Orientalisten-Congress soll in Paris, vom 1-9 September d. J. abgehalten werden. Diesem Unternehmen, welches in so hohem Grade dem völkerverbindenden Charakter unserer Zeit entspricht, kann Deutschland nicht fern bleiben.

Zur Theilnahme an dem Congress ist das Erscheinen in Paris nicht nothwendig. Wie auch sonst bei internationalen Congressen kann man sich als Mitglied einzeichnen und erhält dadurch das Anrecht auf sämmtliche Druckwerke des Congresses. Als Beitrag hat man 12 fr. (3 R. 6 Sgr.) zu zahlen. Ohne solche Subscription werden die Schriften des Congresses später im Buchhandel zu 25 fr. verkauft werden.

Orientalisten und Freunde orientalischer Studien, welche sich betheiligen wollen, sind ersucht bei einem der Unterzeichneten oder in Paris im Bureau des Comite, 49, rue de Rennes, ihren Namen, Vornamen, Stand und Wohnort anzugeben. Gegen den bezeichneten Beitrag wird ihnen dei Mitglieds-Carte eingehändigt werden, welche, wenn die Reise nach Paris beabsichtigt wird, eine Ermässigung des Fahrpreises bewirkt.

Dr R. Lepsius.
Dr H. Steinthal.

Berlin, 9 August 1873.

右十二「フラン」ヲ拂ヘバ直チニ會議員ノ證券ヲ供ス會議終ルノ後議問決議ノ諸書ヲ送ルベシ

右公會創立掛リノ布告ヲ譯スルトコロナリ

今年寿吾邦同志ノ君子ニ告ク願クハ此會ニ臨レンコトヲ

原田

今村

XCVIII.

第二問、日本ト西洋ト開化ノ比較
第三問、日本ト西洋ト學術ノ比較
第四問、日本學術ト西洋學術ト彼此互ニ相補助トスルヿ

日本人若シ此會議ニ志アル人ハ左ニ記スル所ニ来リ之ヲ請フベシ入社ノ料ヲ十二フラントト定ム

Bureaux du Congrès: 49, Rue de Rennes, à Paris.

今賓ニ此會ヲ起スヿヲ決セリ

予等兼テ議事ノ個条ト議員ノ姓名ヲ記シ之ヲ同志ノ君子ニ送ル若シ四方ノ君子議問ノ個条アラバ速ニ記シテ之ヲ予等ニ送ラルベシ

茲ニ數ケ条アリ同志ノ君子之ヲ可トシ給ハバ他日之ヲ議問ノ個条ト定ムベシ即チ

第一問西洋文字ヲ以テ日本語ヲ書スルニ一定ノ法ヲ立ルヿ

C.

東洋學公會

第一會議 紀元一千八百七十三年第九月朔日巴里斯府ニ於テ日本學術並開化ノ議

日本開港以來内外益ヲ易ヘ彼此互ニ情ヲ通シ從テ學術ヲ講究セシヨリ遂ニ即今此公會ヲ起スニ至レリ故ニ予等日本學術ニ志シ又彼ノ開化ニ着眼スル諸君子ノ此公會ニ臨レンコトヲ忝フス

初メ此公會ノ説ヲ起セシガ幸ニ四方ノ君子之レニ應セラレテ

COMITÉS D'ORGANISATION

DU

CONGRÈS INTERNATIONAL DES ORIENTALISTES

1er CONGRÈS — 1873 — A PARIS

COMITÉS D'ORGANISATION.

I. — COMITÉ DE PATRONAGE.

S. Exc. le comte MELCHIOR DE VOGÜÉ, ambassadeur de France, à Constantinople.

Monseigneur DAVID (O. ✻), évêque de Saint-Brieuc.

Monseigneur MARET (O. ✻), évêque de Sura, doyen de la faculté de théologie.

GOGUEL, pasteur-président du Consistoire de la Confession d'Augsbourg.

VERNES, pasteur-président du Consistoire réformé de Paris.

ISIDOR (✻), Grand Rabbin de France.

Général de division FAIDHERBE (G. O. ✻).

Général de division baron BOISSONNET (C. ✻).

Amiral ROZE (G. O. ✻), membre du Conseil d'Amirauté.

Amiral JAURÈS (O. ✻), membre de l'Assemblée nationale.

PIERREY (O. ✻), conseiller à la Cour de Cassation.

GOUIN (O. ✻), président de la Chambre de commerce de Paris, membre de l'Assemblée nationale.

DROUYN DE LHUYS (G. C. ✻), ancien ministre des Affaires étrangères, président de la Société des Agriculteurs de France.

BÉHIC (G. C. ✻), ancien ministre de l'Agriculture et du Commerce, directeur des Messageries maritimes.

CLAUDE BERNARD (C. ✻), membre de l'Académie Française.

DE SAULCY (C. ✻), membre de l'Académie des Inscriptions.

ÉLIE DE BEAUMONT (G. O. ✻), membre de l'Académie des Sciences, inspecteur général des mines.

DE PARIEU (G. C. ✻), membre de l'Académie des Sciences morales et politiques, ancien ministre de l'Instruction publique, et président du Conseil d'État.

LABOULAYE (✻), de l'Institut, administrateur du Collége de France, membre de l'Assemblée nationale.

SCHÉFER (C. ✻), administrateur de l'École spéciale des Langues orientales.

GARCIN DE TASSY (✻), de l'Institut, administrateur adjoint de l'École spéciale des langues orientales.

DE QUATREFAGES (O. ✻), de l'Académie des sciences, professeur au Muséum d'histoire naturelle.

MOURIER (C. ✻), vice-recteur de l'Académie de Paris.

COLMET D'AAGE (O. ✻), doyen de la Faculté de Droit de Paris.

WURTZ (C. ✻), doyen de la Faculté de Médecine de Paris.

TÉRASIMA MUNÉNORI, ministre des Affaires étrangères de S. M. le Mikado et son ambassadeur, à Londres.

SAMÉSIMA NAO-NOBU, ministre plénipotentiaire du Japon, à Paris.

N. B. — La liste générale des Membres du Congrès sera ultérieurement publiée, de façon à pouvoir être distribuée avant l'ouverture de la session. Le domicile à Paris sera indiqué pour les membres qui seront arrivés dans cette ville avant le 30 août prochain.

II. — COMITÉ CENTRAL D'ORGANISATION.

Président.

ROSNY (Léon DE), professeur à l'École spéciale des Langues orientales, Président de la Société d'Ethnographie.

Secrétaire.

LE VALLOIS (✻), capitaine du génie, orientaliste.

Trésorier.

DUCHATEAU, membre de la Société asiatique.

Membres.

BOSELLI (✻), juge au tribunal civil de la Seine ;
BURNOUF (Émile), orientaliste ;
CHARMOLUE, rédacteur scientifique de la *Patrie ;*
CHODZKO (Alex.) (✻), professeur au Collége de France ;
DELAMARRE (Théodore) (✻), peintre et orientaliste;
DULAURIER (✻), membre de l'Institut, professeur à l'École spéciale de Langues orientales ;
FOUCAUX (✻), professeur au Collége de France;
GESLIN, architecte et peintre, ancien inspecteur au Louvre;
GIRARD DE RIALLE, orientaliste, ancien préfet;
GUÉRIN-MÉNEVILLE (✻), inspecteur général de la sériciculture;
HALÉVY (Joseph), lauréat de l'Institut;
LECLERC (Charles), libraire-éditeur pour les langues orientales ;
LEGRAND (Émile), helléniste ;
LONGPÉRIER (Adrien DE) (O. ✻), membre de l'Institut ;
MADIER DE MONTJAU, ancien inspecteur des agences du Comptoir d'Escompte en Chine et au Japon;
MASPÉRO, répétiteur d'archéologie égyptienne à l'École des Hautes-Etudes;
OPPERT (✻), lauréat de l'Institut, Président de l'Athénée oriental ;
ORY (Paul), ingénieur civil ;
ROCHET (Louis) (✻), sinologue ;
SCHŒBEL (Charles), indianiste.

III. — COMITÉS ÉTRANGERS

ET CORRESPONDANTS ÉLUS PAR CES COMITÉS [1].

ANGLETERRE.

Birch (Samuel), Esq., L. L. D., F. S. A., K. R., *President of the British Committee.*

Rost (Reinhold), Esq., Ph. D., Librarian at the India Office.

Holt (H.), Esq., Professor of Chinese, University College, London.

Douglas (Robert K.), Esq., British Museum, *Honorary Secretary.*

Parkes (Sir Harry), K. C. B., H. B. M's. Legation, Yedo.

Satow (E.), Esq., H. B. M's. Legation, Yedo.

Hawes (Capt.), R. M. L. I., Hiogo.

ANNAM.

Vinh-Ky (Petrus Tru'o'ng), interprète, à Saïgon.

AUTRICHE.

Pfizmaier (le Dr August), de l'Académie impériale et royale des sciences, à Wien.

BADE.

Eisenlohr (le Dr August), professeur à Heidelberg.

Weil (le Dr), professeur de langues sémitiques à l'Université de Heidelberg.

Lefmann (le Dr), professeur de langues indiennes à l'Université de Heidelberg.

Thorbeke (le Dr), professeur d'arabe, à Heidelberg.

Hitzig, professeur d'hébreu, à Heidelberg.

Schmidt (le Dr B.), professeur à Freiburg.

BARMANIE.

Mason (Rev. Francis), D. D., à Madras.

Fryer (Capt. George), Staff Corps, à Rangoun.

Saint-John (A. R.), Esq., Burmah.

BELGIQUE.

Dupont (E.), directeur du Musée, à Bruxelles, *délégué.*

[1] Pour les pays où un Comité local n'a pas été constitué avant le 1er juillet, les correspondants ont été élus par le Comité national d'organisation.

STEUR, membre de l'Académie royale, à Gand.

NEVE, professeur de langues orientales à la Faculté catholique, à Louvain.

BRÉSIL.

LIAIS (Emmanuel), directeur de l'Observatoire, à Rio-de-Janeiro.

CANADA.

WILSON (Rev. H.), à Toronto.

CHINE.

EDKINS (le révérend J.), de la Société des missions de Londres, à Péking.

MAYERS (W. T.), Esq., secrétaire de la légation Britannique, à Péking.

WADE (T.), Esq., C. B., H. B. M's Legation, Péking.

BLODGETT (Rev. Henry), D. D., missionnaire, à Péking.

MARTIN (Rev. Will. A. P.), missionnaire, président du Collége impérial des Sciences occidentales, à Péking.

WYLIE (A.), agent de la Société biblique, à Changhaï.

LEGGE (le révérend J.), missionnaire, à Hongkong.

DANEMARK.

FAUSBOELL (le Dr), à Copenhague.

ÉGYPTE.

BARROT, secrétaire de S. A. le Khédive, au Caire.

ESPAGNE.

QUEIPO (Don V. Vasquez), de l'Académie de l'Histoire, ancien directeur des colonies, à Madrid, *délégué.*

GAYANGOS (DE), professeur de langues orientales, à Madrid.

ACCINO VASQUEZ DE ARANJO (Enrique), à Linares.

SAUNIER (le Dr J. B.) (✻), professeur, à Santiago de Cuba.

ÉTATS-UNIS.

WHITNEY, professeur de langues orientales, à New-Haven, Conn., *délégué.*

NAME (Addison Van), bibliothécaire de l'Université, à New-Haven.

HENRY (le professeur), de l'Institut Smithsonien, à Washington.

TAYLOR (Alexander), à Santa-Barbara, Californie.

BRIGGS (le rév. Ch. A.), pasteur, membre de la Société orientale américaine, à New-York.

SCHLIEMANN (Henry), à Philadelphie.

ELLIOT (Charles), professeur, à Chicago, Ill.

HODGSON (William B.), Savannah, Ga.

MOFFAT (James C.), professeur, à Princeton, N. J.

SMYTH (Rev. Thomas), à Charleston, S. C.

TAYLOR (Rev. James B.), Richmond, Va.

THAYER (Rev. Thatcher), Newport, R. I.

VAUGHAN (William J.), Tuscaloosa, Ala.

WHITE (D. Andrew), President of Cornell University, Ithaca, New-York.

WHITNEY (Josiah D.), professeur, à San Francisco, Cal.

WILSON (Samuel J.), professeur, à Alleghany City, Pa.

GRÈCE.

ARGHYRIADIS (Panaiot), orientaliste, à Athènes, *délégué.*

LAMBROS (Michel), à Athènes.

LESBINI, japoniste.

ROMANOS (Jean), professeur au gymnase, à Corfou.

HAMBOURG.

WAGNER (le Dr W.), professeur au Johanneum.

HESSE.

FÜRST (le Dr), professeur, à Mayence.

HOLLANDE.

LEEMANS (le Dr), directeur du Musée R. Néerlandais d'antiquités, à Leyde, *délégué.*

HOFFMANN (le Dr J. J.), professeur de chinois et de japonais, à Leyde.

OORT (le Dr H.), professeur de langues orientales, à l'Athénée, à Amsterdam.

WIJNMALEN (le Dr Th. Ch. L.), secrétaire de l'Institut R. de la philologie, de l'ethnographie, etc., des Indes néerlandaises, à la Haye.

INDES ANGLAISES.

BAILEY (Honble E. C.), C. S. J., membre du Conseil Suprême des Indes orientales, à Simla.

HUNTER (le Dr W.), Calcutta.

CUNNINGHAM (le général), Calcutta.

BURGESS (James), Esq., F. R. A. S., Bombay.

BURNELL (Arthur), Esq., C. S. Madras.

BURNS (David Laing), Esq., Allahabad.

GRIFFIN (Lepel H.), Esq., Bengal C. S., Lahore.

GRIFFITH (R. T. H.), Esq., M. A., Benarès.

DIXON, Esq., Ceylon.

INDES FRANÇAISES.

DUPUIS (Le Rev. P.), Provicaire

de la Mission apostolique, à Pondichéry.

Hecquet (E.), membre du Conseil général et Président de la Chambre de Commerce, à Pondichéry.

Babick (John de), greffier en chef de la Cour d'Appel, à Pondichéry.

Laude, Procureur général, à Pondichéry.

Reynaud (H.), Conseil agréé près les tribunaux de l'Inde, à Pondichéry.

Héloury (L.), juge d'instruction, à Karikal.

INDES NÉERLANDAISES.

Berg (N. P. van den), secrétaire et membre de la direction de la Société des sciences et des arts, à Batavia (Java).

Limburg Brouwer (Dr J. J. van), à Padang (Sumatra).

ITALIE.

Severini (le professeur A.), à Florence, *délégué*.

Weill-Schott (Léon), à Milan, *délégué-adjoint*.

Puini (Carlo), à Florence.

Gorresio (le professeur Gaspare) (O. ✻), à Turin.

Ascoli (le professeur G. J.), à Milan.

Amari (le professeur M.) (O. ✻), à Florence.

Valenziani, avocat, à Rome.

Lignana (le professeur G.), à Rome.

Kerbaker (le professeur M.), à Naples.

Cusa (le professeur S.), à Palerme.

JAPON.

Harada (le colonel), à Yédo; *délégué*.

Simadzi Mokouraï, prêtre bouddhiste, à Tokouzi.

Kataoka Kenkitsi, préfet de Tosa, à Kôtsi.

Imaï, à Matsouyama (province de Iyô).

Yosikawa Keïsyou, professeur, à Ohogaki.

Sidzouki Kwanzô, professeur, à Ohosaka.

Gòtô Syôzirô, président du Conseil d'Etat, à Yédo.

Moutsou-Yonosouké, gouverneur de Yokohama.

Ouyéda Tsyou-ï, docteur en médecine, à Oka-yama (Bizen).

LA PLATA.

Quesada (Don Vicente), directeur de la *Rivista*, à Buénos-Ayres.

LUXEMBOURG.

Blaise (le professeur), à Luxembourg, *délégué*.

HOUSSE (le Dr), directeur du Progymnase, à Diekirch.

MEXIQUE.

PIMENTEL (Don Francisco), à Mexico.

POLOGNE.

DUCHINSKI, (de Kiew), *délégué* du sous-comité polonais.

PLATER (le comte Ladislas).

LANDOWSKI (le Dr).

PORTUGAL.

SILVA (le chevalier DA), architecte de S. M. le roi de Portugal, à Lisbonne, *délégué*.

PRUSSE.

LEPSIUS (le Dr Richard), de l'Académie des sciences, à Berlin, *délégué pour l'Allemagne.*

STEINTHAL (le Dr Heinr.), professeur, à Berlin, *délégué pour la Prusse.*

SCHOTT (le professeur Wilhelm), de l'Académie des sciences, à Berlin.

MALINOWSKI (François-Xavier), à Posen.

RUSSIE.

BROSSET, de l'Académie impériale des sciences, à Saint-Pétersbourg.

MEYER (Dr Léo), conseiller d'État et professeur, à Dorpat.

MUCHLINSKI (S. Exc. A.), conseiller d'Etat actuel de S. M. l'Empereur de Russie, professeur émérite et membre honoraire de l'Université impériale de Saint-Pétersbourg.

ZIELINSKI (Louis DE), orientaliste, à Nijni-Novogorod.

GOTTWALDT (Dr J. M. E.), bibliothécaire de l'Université, à Kazan.

BERGÉ (Adolphe), président de la Société archéologique du Caucase, à Tiflis.

GOLDENBLUM (le Dr A. J.), professeur au Collége, à Odessa.

LAGUS (W.), professeur, à Helsingfors.

SALVADOR.

TORRES-CAICEDO (C. ✻), ministre plénipotentiaire.

SAXE.

EBERS, professeur de langues orientales, à Leipzig.

SAXE-ALTENBOURG.

GABELENTZ (Henri Conon DE LA),

orientaliste, conseiller d'État, à Altenbourg.

SAXE-WEIMAR.

Bursian (Dr C.), professeur de langues orientales, à Iéna.
Schrader (Dr), professeur de langues orientales, à Iéna.

SIAM.

Alabaster (Henry), interprète du Consulat de S. M. Britannique, à Bangkok.

SUÈDE ET NORVÈGE.

Hildebrand (Hans), Antiquaire du Royaume et Directeur du Musée royal d'Archéologie, à Stockholm.
Steinordh (le Docteur), à Linkoeping.

SUISSE.

Turettini (François), directeur de l'*Atsumé-gusa*, à Genève, *président du Comité helvétique.*
Siber (Hermann), vice-consul général de Suisse au Japon.
Freudenreich (Henry de), voyageur au Japon.
Humbert (Aimé), ancien Envoyé extraordinaire et Ministre plénipotentiaire de la Confédération suisse au Japon.

Toutes les communications peuvent être adressées, avant l'ouverture des travaux du Congrès, à Paris, au président du Comité national d'organisation, au bureau du Congrès (ouvert tous les jours, de 1 heure à 6 heures), *rue de Rennes*, 49, soit aux présidents des Comités étrangers ou aux délégués, soit enfin aux correspondants mentionnés dans la liste ci-dessus pour les pays où il n'a pas été constitué de Comités locaux.

ADRESSES DES DÉLÉGUÉS A L'ÉTRANGER.

Angleterre. — M. le Dr S. Birch, *président* du Comité national britannique, au British Museum, à Londres.

Belgique. — M. E. Dupont, directeur du Musée, *délégué*, à Bruxelles.

Espagne. — Don Vicente Vasquez Queipo, de l'Académie de l'Histoire, *délégué*, 71, Hortaleza, à Madrid.

États-Unis. — M. le professeur W. D. Whitney, secrétaire de la Société orientale américaine, *délégué*, à New-Haven.

Grèce. — M. PANAIOT ARGHYRIADIS, orientaliste, à Athènes.

Hollande. — M. le Dr LEEMANS, directeur du Musée R. d'Antiquités, *délégué*, à Leyde.

Italie. — M. le professeur A. SEVERINI, 50, rue Ricasoli, *délégué*, à Florence. — M. LÉON WEILL-SCHOTT,, *délégué-adjoint* à Milan.

Japon. — M. le colonel HARADA, *délégué*, au Ministère de la guerre, à Yédo.

Luxembourg. — M. le professeur BLAISE, *délégué*, rue Saint-Philippe, 8, à Luxembourg.

Pologne. — M. DUCHINSKI (de Kiew), *délégué* du sous-comité, à Rapperswyll.

Portugal. — M. le chevalier DA SILVA, architecte de S. M. le Roi de Portugal, *délégué*, à Lisbonne.

Prusse. — M. le Dr Richard LEPSIUS, de l'Académie royale de Berlin, *délégué* pour l'Allemagne; — M. le Dr Heinr. STEINTHAL, professeur de linguistique comparée, à Berlin, *delégué* pour la Prusse.

Suisse. — M. François TURETTINI, directeur de l'*Atsumé-gusa*, 8, rue de l'Hôtel-de-Ville, à Genève.

ADMINISTRATION.

COMMISSION ADMINISTRATIVE.

MM. Léon de Rosny, président ;
Madier de Montjau ;
Le capitaine Le Vallois.

COMMISSION FINANCIÈRE.

MM. Duchateau, trésorier ;
De Zélinski ;
P. Ory ;
François Sarazin.

COMMISSION DE L'EXPOSITION.

MM. Cernuschi, président ;
Henri de Longpérier, secrétaire ;
Geslin, architecte et peintre ;
Adrien de Longpérier, de l'Institut ;
Charles Rochet ;
Louis Rochet, sculpteur.

COMMISSION DES RÉCOMPENSES.

MM. Louis Rochet, président ;
Geslin ;
Charles Schoebel.

COMMISSION DES INSTALLATIONS ET DU MATÉRIEL.

MM. DUCHATEAU;
DE ZÉLINSKI;
Charles LHOMME;
SARAZIN;
IMAMURA.

BUREAU.

MM. BILLE, chef du secrétariat;
COTTY, agent du Comité.

LIBRAIRES-ÉDITEURS.

MM. MAISONNEUVE et Cie, 15, quai Voltaire, à Paris.

PARIS. — IMPRIMERIE DE Mme Ve BOUCHARD-HUZARD, RUE DE L'ÉPERON, 5.

SOCIÉTÉ D'ETHNOGRAPHIE DE PARIS.

RAPPORT DU COMITÉ DE DIRECTION DE LA SESSION INAUGURALE DU CONGRÈS INTERNATIONAL DES ORIENTALISTES.

La Société d'Ethnographie de Paris, qui a pris sous son patronage l'idée première du Congrès international des Orientalistes, a été fondée, en 1857, par M. Léon de Rosny, l'abbé Brasseur de Bourbourg, Charles de Labarthe et E. Jomard, de l'Institut : elle a été définitivement constituée par arrêté ministériel, le 14 mai 1859.

Dans la pensée des fondateurs, la nouvelle association avait une triple mission à accomplir. Le mot *ethnographie*, qui comme l'a dit un des présidents de la Société, n'a reçu qu'en 1835 ses lettres de grande naturalisation, par son insertion dans le Dictionnaire de l'Académie Française, avait été compris d'une foule de manières par différents auteurs. Un sens définitif ne devait cependant pas tarder à lui être affecté : il devait signifier « l'étude physique, intellectuelle et morale de l'humanité », considérée comme base philosophique de la science de la destinée, appliquée à l'homme en société. Vulgariser cette pensée, établir pour la développer un corps de doctrine autonome, et, dans la pratique, substituer aux fausses idées répandues sur les races et les rameaux divers de l'espèce humaine par l'étude de la géographie politique, des idées basées sur la constitution intime, essentielle et originale des groupes divers de population ; telle était un des buts fixés à la Société d'Ethnographie.

Subsidiairement, à un échelon moins élevé de la spéculation philosophique, la Société nouvelle devait ensuite chercher à centraliser les efforts des rares savants adonnés à l'étude de l'Amérique anté-colombienne ; elle devait interroger les vieux monuments du Nouveau-Monde, étudier les langues des peuples autochthones, et demander à leurs inscriptions et à leurs monuments peints ou écrits, la solution des énigmes relatives aux vieux âges ignorés d'une moitié toute entière du globe que nous habitons.

Enfin, la même association se proposait de vulgariser les études orientales, d'étudier la constitution moderne des États de l'Asie et de l'Océanie dans ses rapports avec leur organisation archaïque, de discuter leurs religions et leurs philosophies, et de s'inspirer de leur génie, par l'examen comparatif de leurs littératures et de leurs beaux-arts.

Trois grandes sections formèrent ainsi, dès l'origine, l'espèce de confédération scientifique sur laquelle repose encore aujourd'hui l'existence de la Société d'Ethnographie de Paris.

Toute idée nouvelle rencontre au début l'indifférence, le dédain des serviteurs de la routine et de la tradition, heureuse encore lorsqu'elle ne subit pas sur sa route les effets de la malveillance et de la persécution. La Société d'Ethnographie n'a pas été à l'abri de ces dangers : elle a eu beaucoup à lutter pour produire des ramifications et pour survivre aux obstacles accumulés autour d'elle ; plus d'un homme, élevé sous ses auspices, arrivé aux grandeurs, a fait mine de ne plus la connaître ; en dépit de toutes les ingratitudes, de toutes les manœuvres, elle vit toujours à Paris : *Fluctuat nec mergitur.*

Ce n'est pas ici le lieu d'énumérer toutes les idées nouvelles énoncées ou développées au sein de la Société d'Ethnographie, sur les sciences qui se rattachent à l'étude de ce grand être collectif et rationnel qu'on appelle l'*humanité*. D'ailleurs, ces idées, que les penseurs non prévenus sauront trouver dans les recueils de ses travaux, n'y ont point été présentées dans les conditions désirables, par suite de circonstances matérielles qui ont longtemps entravé la marche des travaux ; et la multiplicité même du but entrevu par ses fondateurs, a retiré à ses publications le caractère nettement délimité qu'il eût fallu qu'elles eussent pour frapper rapidement et profondément l'esprit du public éclairé. Des améliorations sensibles dans les ressources de la Société, lui permettront sans doute de marcher à l'avenir d'un pas plus assuré, d'une façon plus directe, vers la fin qu'elle se propose.

En attendant, la Société d'Ethnographie a voulu prouver que ses deux branches collatérales (Section Orientale et Section Américaine) avaient une raison d'être sérieuse, et que leurs efforts pouvaient aboutir à des résultats utiles. Elle a patroné successivement le Congrès international des Orientalistes, le Congrès international des Américanistes, et le Congrès provincial des Orientalistes. Les séances de ces différents congrès qui ont déjà eu lieu à Paris et à Londres, à Nancy et à Saint-Étienne, et celles qui auront lieu prochainement à Saint-Pétersbourg, à Marseille et à Luxembourg, témoignent de la vitalité et de la fécondité de l'idée première. Il ne nous appartient point d'en estimer la valeur.

A Londres, le *Congrès international des Orientalistes*, sous la présidence de l'éminent docteur Samuel Birch, assisté par sir Henry Rawlinson, sir Walter Elliot, le professeur Max Müller, M. Grant Duff, membre du Parlement, et le professeur Richard Owen, a réuni la plus brillante assemblée d'orientalistes qui ait jamais tenu ses assises sur aucun point du globe. Les précieuses relations, qui ont été la conséquence de cette réunion scientifique, les liens amicaux qu'elle a resserrés entre les savants des divers pays adonnés aux mêmes études, les beaux et savants travaux dont elle a provoqué la publication, ne sauraient être des résultats légitimement contestés.

A Saint-Pétersbourg, au mois de septembre prochain, le Congrès réunira des éléments *sui generis* qui offrent le plus vif intérêt pour l'orientalisme ; et l'Asie Centrale, sur laquelle la science russe a pu réunir, dans des conditions exceptionnellement avantageuses, tant de renseignements précieux et et ignorés partout ailleurs, sera l'objet d'investigations de la plus haute portée pour le progrès des études orientales.

Le *Congrès international des Américanistes*, organisé à l'imitation et d'après les principes du Congrès international des Orientalistes, a vu le jour à Nancy. La Société d'Ethnographie, poursuivant un système d'idées décentralisatrices, a voulu prouver que la province française pouvait faire fructifier une pensée tout aussi bien que Paris, et elle a confié à la généreuse Lorraine le soin de lui donner raison. Les résultats ont dépassé toutes les espérances. Grâce à l'habile direction de M. le baron de Dumast, président, et à l'infatigable activité de M. Adam, secrétaire, le Congrès de Nancy a réuni un nombre de membres souscripteurs qui n'avait jamais été atteint par les Congrès scientifiques antérieurs. Deux volumes, résultat scientifique des travaux de sa Session inaugurale, ont témoigné de sa grande vitalité, et ont prouvé que le mot *américanisme*, patroné par la Société d'Ethnographie, pouvait prendre place, dans le catalogue des sciences contemporaines, en regard, sinon au niveau, de l'*orientalisme*.

Le brillant succès de la session de Londres appela naturellement l'attention de la Société sur la condition actuelle de l'orientalisme en France, et sur la nécessité de lui donner une impulsion plus large, plus générale, plus positivement utile. L'étude des langues de l'Orient est représentée dans notre pays par la Société asiatique de Paris, par l'enseignement du Collége de France, de l'Ecole des hautes-études et de l'École spéciale des langues orientales vivantes. Nulle part à l'étranger, même en Allemagne, un nombre égal d'établissements publics n'est chargé de vulgariser cette étude ; et cependant il est incontestable qu'elle fait moins de progrès chez nous qu'en Angleterre et surtout qu'en Allemagne. Il y aurait lieu de rechercher les causes de cette infériorité. L'importance des colonies anglaises a nécessité la création, dans l'Inde, en Chine, au Japon, etc., de tout un personnel de fonctionnaires initiés aux idiomes de ces pays ; et ce personnel a formé une vaste pépinière d'orientalistes d'où sortent la plupart des hommes éminents dans cette branche de l'érudition britannique. La vieille décentralisation de la Confédération Germanique, d'autre part, n'a pas encore perdu toute son influence favorable pour la diffusion des lumières; et, encore aujourd'hui, les langues asiatiques sont enseignées sur une foule de points différents de l'Allemagne. En outre, la Société orientale de ce pays, la plus nombreuse et la plus puissante de toutes les Sociétés asiatiques existantes, a compris qu'il fallait veiller à ce que le mouvement scientifique ne s'amoindrît point dans les localités excentriques, et elle a provoqué des Congrès annuels régionaux d'orientalistes dans les principales villes de l'empire. Grâce à ces Congrès, l'émulation des orientalistes allemands ne s'est jamais refroidie, et leurs travaux continuent à se multiplier de la façon la plus remarquable.

Bien que la France ne soit pas, à beaucoup près, préparée comme l'Allemagne pour de telles réunions provinciales, la Société d'Ethnographie a pensé que le moment était venu d'encourager l'idée d'un Congrès annuel d'Orientalistes dans les principales villes de nos départements ; et sur la proposition d'un de ses membres, M. le baron Textor de Ravisi, elle a tenu à Levallois-Perret, une courte session inaugurale de trois jours, à la suite de laquelle la ville de Saint-Étienne a été désignée pour tenir les premières assises du *Congrès provincial des Orientalistes français*. Il eût été difficile peut-être de choisir une ville moins préparée pour une telle réunion que l'était le chef-lieu de la Loire. L'entreprise était donc, pour le moins, fort audacieuse. Grâce au dévouement du président de cette première session, M. de Ravisi, et de son secrétaire, M. Le Mansois du Prey, les résultats ont été des plus satisfaisants. Une large place a dû être accordée aux intérêts positifs de la science en Orient ; mais la science, pour se montrer pratique et protectrice des intérêts matériels, n'y perd rien de son autorité calme et sévère, et la Session de Saint-Étienne aura plus fait, en huit jours, pour propager en France le goût des études orientales, que tous les efforts des Académies et Sociétés savantes de Paris n'ont pu le faire en un demi-siècle, avec le concours du budget et la protection du gouvernement. La seconde session, qui se tiendra cette année à Marseille, et les candidatures de Lyon, de Bordeaux, d'Alger, etc., pour l'avenir, confirment, il y a tout lieu de l'espérer, la justesse des vues de la Société d'Ethnographie à cet égard.

Suivant une intention formellement déclarée, la Société d'Ethnographie, d'accord en cela avec ses principes décentralisateurs, entend ne plus intervenir dans les entreprises provoquées par elle, du jour où elles possèderont par elles-mêmes des conditions sérieuses de durée et de développement ; elle continuera donc à s'intéresser vivement aux succès des futures sessions de ces différents Congrès, mais son attitude demeurera passive toutes les fois que son concours ne lui sera pas formellement demandé comme *nécessaire*.

Libre des préoccupations que lui ont donné pendant trois années les Congrès scientifiques dont elle a provoqué la création, la Société d'Ethnographie a résolu la poursuite de deux idées nouvelles qu'elle soumet aujourd'hui à l'appréciation du monde savant et de toutes les personnes qui s'intéressent à la diffusion des lumières.

Sous le titre de *Missions Ethnographiques de France*, nous nous proposons de provoquer périodiquement l'envoi de savants dans diverses régions du globe pour se livrer à des travaux d'exploration, destinés à étendre le champ de nos connaissances sur les groupes divers de population de notre planète, sur leurs origines, leurs évolutions politiques et sociales, et, en un mot, sur toutes les particularités de leur civilisation, dans les périodes anciennes, dans l'état actuel et dans les conditions du devenir. Ces Missions seront défrayées par une souscription populaire ; et les souscripteurs, qui auront à élire les membres effectifs de la Mission, recevront, en échange de leur léger versement, le compte rendu imprimé des travaux effectués pendant la période de l'exploration décidée. L'entreprise a reçu déjà le meilleur accueil de la part du public éclairé : dans un temps prochain, chacun pourra juger par l'application de la valeur de l'idée nouvelle que nous nous bornons à mentionner ici sommairement.

Si les Missions Ethnographiques de France ont pour résultat de développer dans notre pays le goût des voyages, et d'assurer aux travaux de nos savants certain caractère sérieux qu'il est bien difficile d'obtenir dans le calme du cabinet, le développement des relations entre les personnes qui, sur tous les points du globe, se préoccupent de nos études, n'est pas moins digne de sollicitude. La Société d'Ethnographie a donc décidé la réalisation d'une idée appelée, nous le pensons, à rendre les plus grands services à la science.

Elle a décidé l'établissement, sur toute la surface de l'ancien et du nouveau continent, d'un vaste système de correspondance scientifique, établi sur les bases suivantes :

La Société n'accepte plus que des cotisations à vie qui sont placées en rentes sur l'État, de façon à former un fonds inaliénable sans cesse grandissant. Pour permettre au plus grand nombre de personnes de participer à son œuvre, elle admet, sur tous les points du globe, des membres correspondants à vie, moyennant la minime cotisation de 25 francs donnés une fois pour toutes. Puis, lorsqu'elle rencontre parmi ses membres correspondants, des personnes décidées à l'aider activement dans l'accomplissement de son œuvre, et résidant en province ou à l'étranger, elle constitue, dans le lieu de leur résidence, des *Délégations* en correspondance avec son Conseil, et chargées de développer son système par des ramifications corollaires dans toute la région qui les circonscrit. De la sorte, les membres de la Société, voyageant dans un intérêt scientifique, rencontreront partout sur leur route des collègues heureux d'entrer en relations avec eux, de leur fournir des renseignements utiles à leurs travaux et de leur rendre une foule de petits services dont on est privé, quand on arrive dans une localité où l'on ne connaît personne.

La Société d'Ethnographie, en présentant aux membres du Congrès international des Orientalistes, le troisième volume qui complète le compte-rendu des travaux de la Session inaugurale (Paris, 1873), croit donc de son devoir de faire publiquement appel à tous les hommes éclairés qui comprennent l'utilité de ses entreprises et qui voudront bien lui accorder leur concours pour la mettre à même de les réaliser dans les meilleures conditions possibles.

Pour le Comité de Direction,
VICTOR DUMAS,
Secrétaire-adjoint de la Société d'Ethnographie,

MEMBRES FONDATEURS DE LA SOCIÉTÉ D'ETHNOGRAPHIE.

1859.

Aubin.
Malte-Brun (✱).
Alfred Maury (O. ✱), de l'Institut.
Léon de Rosny.
† Brasseur de Bourbourg (✱).
Jules Oppert (✱).
Léon Rodet.
Bonnetty (A.).
Renan (✱), de l'Institut.
† Charles de Labarthe.
Rudolph Lindau.
E. Cortambert (✱).
E. Beauvois.
Nicolas Trübner.
Le prince Vlangali-Handjéri.
Alexandre Chodzko (✱).
Alexandre Bonneau.
Mirz Ali Naghi.
† Le baron Paul de Bourgoing (G. O. ✱).
H. de Charencey.
† G. Pauthier (✱).
Foucaux (Ph. Ed.) (✱).
† Théodule Dévéria (✱).
† Eichhoff (✱).
Garcin de Tassy (✱), de l'Institut.
Dr Tholosan.
Le comte de Vogüé (✱), de l'Institut.
Soliman-al-Harairi.
François Lenormant.
Joachim Ménant.
Kühlké.
† Bianchi (O. ✱).
Ferdinand Denis (✱).
† Stanislas Julien (C. ✱), de l'Institut.
† Jomard (C. ✱), de l'Institut.
† Ch. Texier (✱), de l'Institut.
Barbier de Meynard (✱),
† Brunet de Presle (✱), de l'Institut.
† Charles Lenormant (✱), de l'Institut.
Adrien de Longpérier (O. ✱), de l'Institut.
† De Pongerville (O. ✱), de l'Académie française.
Adolphe Régnier (✱), de l'Institut.
Schœbel.

SOCIÉTÉ D'ETHNOGRAPHIE

1876

BUREAU.

Président d'honneur :

CARNOT, sénateur, ancien ministre de l'instruction publique.

Président :

LÉON DE ROSNY.

Vice-Président :

DELAPORTE (O. ✻).

Secrétaires :

ED. MADIER DE MONTJAU.
GESLIN.
VICTOR DUMAS.

Trésorier :

DUCHATEAU.

Conseil :

FOUCAUX (✻).
VOGÜÉ (DE) (✻).
D'HERVEY (✻).
NOÉ (DE) (✻).
BOSELLI (✻).
DES MICHELS.
LEQUESNE (✻).
MARESCALCHI (✻).
DE LONGPÉRIER (O. ✻).

CONGRÈS INTERNATIONAL DES ORIENTALISTES

LISTE GÉNÉRALE DES MEMBRES

PREMIÈRE SESSION. — PARIS. — 1873

COMITÉ CENTRAL DE DIRECTION.

MM. LÉON DE ROSNY, président du Congrès,
Éd. Madier de Montjau;
Le capitaine Le Vallois, secrétaire.

Signes conventionnels :

† indique un membre décédé.
* — les membres *étrangers* présents au Congrès.
** — un membre provenant de la liste de la Société d'Ethnographie.
D — un délégué du Comité central.
C — un membre élu pour le Conseil de la 1re Session.
P — un président de l'une des séances de la Session.

SOL ORIENS DISCUTIT UMBRAS

CONGRÈS INTERNATIONAL DES ORIENTALISTES.

1er SESSION. — 1873. — A PARIS.

LISTE GÉNÉRALE DES MEMBRES

ALGÉRIE.

Délégué : M. le professeur HOUDAS, à Oran.

ALPHANDÉRY, membre du Conseil général, à Alger.

ARNOLET, libraire, à Constantine.

BALLIT, interprète près la Cour d'appel, à Alger.

BATTANDIER (Louis), président de la Société Archéologique de Constantine.

BELLEMARRE (✻), Conseiller du Gouvernement, à Alger.

BENTATA (Amram), à Oran.

Bibliothèque publique, à Alger.

BIGONNET, ingénieur, à Alger **.

BLASSELLE (✻), maire d'Alger.

* BROSSELARD (Charles) (O. ✻), directeur général du Service de l'Algérie, membre de la Société Asiatique.

CAHEN, rabbin, à Constantine.

CHANZY (le général) (✻), gouverneur général de l'Algérie.

CHERBONNEAU (✻), correspondant de l'Institut, à Alger.

COLAS, interprète militaire, à Oran.

DARNOU (Mardochée), interprète assermenté, à Tlemcen.

FALK (R.), directeur de l'École communale israélite, à Oran.

GINSBURG (le Rev.), pasteur anglican, à Alger.

HERMANN, interprète titulaire de l'armée, à Oran.

* HOUDAS, professeur à la chaire d'arabe, à Oran. — (Hôtel du Temps, 27, rue Bergère.)* (**D.**, **C.**, **P.**)

ILLOUZ, traducteur assermenté, à Oran.

* LE ROUX (O. ✻), colonel de cavalerie en retraite, à Bone. — (Hôtel des Gaules, 17, rue du Coq-Héron.)

LÉVY, banquier, à Oran,

MANÉGAT, banquier, à Oran.

NICOLAS (Ch.), maire de Mondovi.

NICOLAS (Marius), compositeur pour les langues orientales, à Bone **.

PICHARD, ingénieur, à Oran.

PRIOU, interprète près le Tribunal, à Mostaganem.

REY (C.), banquier, à Alger.

RICOT (C.), interprète militaire de 1re classe, à Tlemcen.

SADOK (Abraham), propriétaire, à Oran.

SALVE (DE) (O. ✻), recteur de l'Académie d'Alger.

SAUZÈDE, président du tribunal civil, à Oran.

* STORA, négociant. — (218, boulevard des Italiens.)

Société Archéologique de la province de Constantine.

Société Historique Africaine, à Alger.

WITTERSHEIM (✻), directeur de la Banque, à Oran.

BEN-ICHOU (Mme), à Oran.

LASRY (Mlle Fanny), à Oran.

MEURIOT (Mme), à Oran.

OSMONT (Mme la générale), à Oran.

VALENSI (Mme), à Oran.

ALSACE-LORRAINE.

Délégué : M. le pasteur LE BLOIS, à Strasbourg.

EUTING (Jules), orientaliste, bibliothécaire de l'Université, à Strasbourg.
LE BLOIS (L.), pasteur, à Strasbourg. (D.)
NICOLAS (l'abbé) vicaire, à La Broque.

ANGLETERRE.

Délégué : M. le professeur ROB. K. DOUGLAS, à Londres.

ALCOCK (Sir Rutherford), K. Ç. B., late Embassador of England to China and Japan.
ALEXANDER (Major Général), C. B., Southsea.
ANGLER (F. J.), director of the *London and China Telegraph*, London.
AUSTIN (Stephen), Hertford.
BEAL (Rev. S.), Southsea.
BENNOCH (Francis), F. S. A., M. R. S., London.
BIRCH (Samuel), Esq., LL. D., F. S. A., K. R. (O. ❀), British Museum, London.
BONOMI (Joseph), M. R. A. S., Wimbledon.
BOSANQUET (J. W.), M. R. A. S., London.
BOWRING (Lewin B.).
* BRAGGE (William), membre de la Société Géographique de la Grande-Bretagne, à Sheffield. — (19, rue Scribe).
BURTON (Sir William W.).
CAPLIN (J.), Esq., M. D., K. M., London.
ÇHANNING (Rév. William Henry), Kensington, London.
CLARKE (Hyde), Esq., London.

COOPER (W. R.), secretary to the Society for Biblical Archæology, London.

DARBISHIRE (R. D.), Esq., F. S. A., F. G. S., Manchester.

DARWIN (sir Charles), Down Bromley, Kent **.

DAVIS (Sir John), Bart., K. C. B., F. R. S., Holywood, near Bristol.

DAY (St John Vincent), Eildon Lodge, Putney, London.

DIETZ, banquier, à Londres.

*DOUGLAS (Robert K.), Esq., British Museum, London. — (15, rue de Bourgogne). (**D.**, **C.**, **P.**)

DRACH (S. M.), M. R. A. S.

EDKINS (Rev. J.), London Missionary Society, London.

EGGELING (Julius), Esq., Sec. Royal Asiatic Society, Prof. of Sanskrit, University College, London.

ELLIOT (Sir Walter), K. C. S. I., London.

FRANCKS (Augustus W.), Esq., M. A., Vice-Pres. S. A., British Museum, London.

FREELAND (H. W.), Esq., Athenæum Club, London.

GOODWIN (Chas. Wycliffe), M. A., Consular Juge, Yokohama.

GUTHRIE (colonel C. Seton), Royal Engineers, F. R. A. S., London.

HAKE (Alfred-Egmont(, à Londres.

HAWES (Capt.) R. M. L., Hiojo.

HENDERSON (John), Esq., M. A., F. S. A., London.

HOLT (Henry F.), Esq., prof. of Chinese, University College, London.

HOWORTH (Henry H.), Esq., M. A., Eccles, Mancnester.

JAMIESON (G.), Esq., H. M's Consular Service, China.

LEGGE (Rev. James), D. D., London Missionary Society.

LUBBOCK (Sir John), Bart., member of Parliament, president of the Anthropological Institute, vice-rector of the University, High Elm, Orpington.

Lusk (the R. H. Sir Andrew), Bart., membre du Parlement, Lord-Maire de Londres.
Mac-Donald (James), Oriental Club, London.
Matheson (Hugh), Esq., London.
Max Muller, Esq., M. A., Prof. of Com. Philology, Oxford.
Milne (James), Union Club, St.-Andrews, Ecosse.
Mittford (J. M.), japoniste, à Londres.
Norman (J. Manship), M. A., Dencombe, Sussex.
*O'Neill (John), Esq., War Office, London.
Parkes (sir Harry), K. C. B., H. B. M.'s Legation, Yédo.
Phéné (John S.), L.L. D., London.
Probert (Charles), à New-Port **.
Quaritch, oriental bookseller, London.
Rawlinson (sir Henry).
Rost (Reinhold), Esq., Ph. D., Librarian at the India Office, London.
Royal Geographical Society, London.
Satow (E.), H. B. M's Legation, Yédo.
Society of Biblical Archæology, London.
Summers (le Rév. J.).
Thomas (Edward), Esq., F. R. S., M. R. A. S., Kensington.
Trubner (Nicholas), American and Oriental Literary Agent, London.
Williams (Monier), Esq., Boden Prof. of Sanskrit, Oxford.
Wright (Professor), LL. D., Cambridge.
*Wyndham (Charles), Esq., — (16, rue de Vaugirard.)
Yapp (G. W.), Esq., Society of Arts, Adelphi, London.

Alford (Lady Marian), London.
Baines (Mrs), Vicarage, Little Marlow, Bucks.

BERGNE (Mrs DE), Palace Gardens, Kensington, London.

BIRCH (Mrs Walter), Hampstead, N. W., London.

BIRCH (Miss Charlotte-Maria), M. J. S., British Museum, London.

BURTON (Lady), Notting Hill, London.

ROGERS (Miss), London.

ROUQUETTE (Mrs), Walthamston, N. E.

SMITH (Miss John Peter), Sweyney Cliff, near Coalport, Shropshire.

TRUBNER (Mme Nicholas), London.

ARABIE.

*BUEZ (le Dr A.), consul de France, à Djeddah. — (Cité Bergère, 1 *bis*.)

AUTRICHE.

HELLWALD (Frédéric DE), directeur du *Ausland*, à Vienne.

MAYREDER (Carl), fonctionnaire ministériel Royal, à Vienne **.

MULLER (Frederic), professeur, membre de l'Académie impériale et Royale des Sciences, à Vienne.

PFIZMAIER (le Dr August), membre de l'Académie impériale et Royale des Sciences, à Vienne.

REINISCH (Dr Léon), professeur à l'Université de Vienne.

SCHÆFFER (Ignace, chevalier DE), ministre-résident d'Autriche-Hongrie, au Japon **.

WALCHER DE MOLTHEIN (le Dr Léopold), conseiller Impérial-Royal, consul général adjoint d'Autriche-Hongrie, à Paris **.

---

* MAYDROWICZ (Mme) — (27, rue de Penthièvre.)
* MAYDROWICZ (Melle Amelia), artiste. — (27, rue de Penthièvre.)

BADE.

EISENLOHR (le Dr August), professeur à Heidelberg.
HITZIG (le Dr), professeur d'hébreu, à Heidelberg.
LEFMANN (Dr), professeur de langues indiennes à l'Université, à Heidelberg.
SCHMIDT (le Dr B.), professeur, à Fribourg.
THORBEKE (le Dr), professeur d'arabe, à Heidelberg.
WEIL (le Dr), professeur de langues sémitiques à l'Université, à Heidelberg.

BAVIÈRE.

† HAUG (Dr Martin), professeur, à Munich.
SCHLAGINTWEIT (le Dr Émile DE), à Wurzbourg **.

BELGIQUE.

Délégué : M. E. DUPONT, à Bruxelles.

* *Académie royale d'archéologie*, à Anvers. [Délégué : M. LE GRAND DE REULANDT, conseiller, secrétaire-perpétuel.]
BERCHEM (F.), ingénieur en chef des mines, à Namur **.
Bibliothèque royale de Belgique, à Bruxelles (M. L. ALIN, conservateur en chef).
BORCHGRAVE (Émile DE), à Bruxelles.
BRICHAUT (Auguste), membre de la Société Royale de Numismatique, à Bruxelles.

Chalon (R.), membre de l'Académie Royale, président de la Société royale de Numismatique, à Bruxelles.

* Chavée, professeur de linguistique comparée. — (28, boulevard des Italiens) (C.).

Dupont (E.), conservateur du Musée d'Antiquités, à Bruxelles (D.).

Favresse, négociant en soieries, à Anvers.

Gheysens (le notaire), conseiller provincial, à Anvers.

Hagemans (Gustave), membre de la Chambre des Représentants, président de l'Académie royale d'Archéologie de Belgique, vice-président du Comité d'organisation du Congrès préhistorique de 1872, à Bruxelles.

Heyden (J. van der), à Bruxelles **.

Houtain, publiciste, à Gand **.

Lamorinière (François), artiste, à Anvers.

Lamy (Thomas-Joseph), professeur de langues hébraïque et syriaque à l'Université catholique, à Louvain.

Lijnen (Victor), négociant, à Anvers.

Nève (Félix), professeur de langues sanscrite et arménienne à la Faculté catholique de Louvain.

† Omalius d'Halloy (d'), président du Sénat, à Bruxelles **.

Reuter de Heddesdorff (Emile), attaché au ministère de la Guerre, à Bruxelles **.

* *Société Royale de Numismatique*, à Bruxelles. [Délégué : M. de Marsy.]

Steur, membre de l'Académie royale de Gand *.

BIRMANIE.

Mason (Rév. Francis), D. D., à Moulmein.

BRÉSIL.

S. M. DON PEDRO II D'ALCANTARA, empereur du Brésil.

Instituto Etnografico do Brazil, à Rio-de-Janeiro.

Itajuba (le vicomte d'), ministre du Brésil, à Paris.

Liais (Emmanuel), directeur de l'Observatoire, à Rio-de-Janeiro.

CANADA.

Campbell (Rév. P.), Theological College, Montréal.

Chauveau (Hon. P. O.), ancien ministre de l'Instruction publique, à Montréal.

Dion, homme de lettres, à Montréal.

Le Metayer-Masselin, à Montréal.

Petitot (le R. P.), missionnaire oblat au Mackenzie.

Wilson (Daniel), professeur à l'Université de Toronto.

Wilson (H.), à Toronto.

CANARIES (Iles).

Chil y Naranjo (Dr Gregorio), à Las Palmas (Grande-Canarie.

CHINE.

Bain (Geo. Murray), *China Mail* office, à Hongkong.

Blodgett (Rév. Henry), D. D., missionnaire, à Péking.

Breitschneider (E.), à Péking.

Cordier (Henri), bibliothécaire de la North-China Branch of the Royal Asiatic Society, à Changhaï.

EDKINS (le Rév. J.), missionnaire, à Péking **.

EITEL (Dr E. J.), editor of the *China Review*, à Hongkong.

GRAÇA (L. A. DA), à Macao.

* GUILLEMIN (Mgr), vicaire-apostolique, à Canton. — (Aux Missions-Étrangères.)

LY CHAO-PEE, de Loung-choui-tching (Sse-tchouen).

MARTIN (Rév. Will. A. P.), président du Collége impérial des sciences orientales, à Péking.

MAYERS (W. T.), secrétaire de la Légation Britannique, à Péking.

MESURE (Théoph.), mécanicien en chef des messageries maritimes, à Changhaï **.

North-China Branch of the R. Asiatic Society, à Changhaï.

PHILIPPE (A.), directeur de l'agence du Comptoir d'escompte, à Hongkong.

PUTHON, attaché à l'arsenal, à Foutcheou.

SKATSCHKOFF, ancien consul de Russie, à Tchougoutchok.

WADE (sir T.), H. B. M's Légation, à Péking **.

WYLIE (le Rév. A.), de la London Missionary Society, à Changhaï.

WILLIAMS (S. Wells), LL. D., à Changhaï.

TING TUN-LING (Mme J.), de Kouantchu.

COCHINCHINE FRANÇAISE.

AYMONIER, professeur de Cambodgien, à Saïgon.

* DU'C CHAIGNEAU (Michel), professeur suppléant d'annamite à l'École spéciale des langues orientales, à Paris **.

École des Stagiaires, à Saïgon.

GRÉMOUIN, secrétaire à la Direction de l'Intérieur, à Saïgon **.

* KRESSER (Victor), propriétaire des sucreries de Bien-hoa. — (48, rue de Provence.)

† MORICE (le Dr Albert), médecin de la marine à Saïgon.

TRU'O'NG VINH-KY (Petrus), professeur de langues orientales, à Saigon **.

COLOMBIE.

SAMPER (José-Maria), ancien député, à Bogota **.

CORSE.

Commissaire : M. ÉMILE BURNOUF, à Paris.

NICOLAÏ (l'abbé Marc-Ange), chanoine, à Bastia **.

SEMIDEI (Pierre), élève de l'École des Hautes-Études.

* *Société d'Agriculture*, de Corte. [Délégué : M. MIGNUCCI, avocat, ancien sous-préfet, vice-président de la Société].

DANEMARK.

S. M. CHRISTIAN IX, roi de Danemark.

BRETTON (le baron DE), chambellan de S. M. le roi de Danemark, à Copenhague.

FAUSBŒLL (le D[r]), à Copenhague.

MEHREN, professeur de langues orientales, à Copenhague **.

RINCK, ancien inspecteur des établissements danois du Groënland **.

SCHMIDT (Waldemar), professeur à l'Université, à Copenhague.

Société des Antiquaires du Nord, à Copenhague.

Valentin (M.), consul du Brésil, à Copenhague.

ÉGYPTE.

Délégué : M. Frédéric Barrot, à Paris.

S. A. I. ISMAIL-PACHA, khédive d'Egypte.

*Aissa Hamdy, docteur en médecine. — (20, rue Racine.)

*Aly-Bey (Mohammed), chimiste. — (Boulevard Saint-Michel.)

*Aly-Pacha, président du Tribunal de Commerce du Caire, — (43, boulevard Malesherbes.)

*Artin-Bey (S. Exc. Yacoub), au Caire. — (Hôtel Scribe, rue Scribe.)

Brugsch-Bey, au Caire.

Carraby (Calixte), caissier principal de l'agence du Comptoir d'escompte, à Alexandrie.

Daninos, au Caire.

*Emin-Bey, licencié en droit.

*Fakhry-Bey, licencié en droit. — (16, boulevard Malesherbes.)

Gaillardot (le Dr) (✵), médecin sanitaire de France, à Alexandrie.

*Hamid-Bey, licencié en droit. — (3, boulevard Saint-Michel.)

*Jacquelet-Bey, ancien précepteur des princes de la Maison d'Égypte. — (66, boulevard Malesherbes.)

*Kahil-Efendi, licencié en droit. — (16, boulevard Malesherbes.)

Mahmoud Bey, astronome de S. A. le Khédive **.

Mariette Bey (C. ✵), correspondant de l'Institut, au Caire **.

Saint-Maurice (le comte de) (✻), premier écuyer de S. A. I. le khédive d'Egypte, au Caire.

Société khédiviale de Géographie, au Caire (représentée par le Dr Schweinfurt).

Watson, chef de comptabilité, à l'agence du Comptoir d'escompte, à Alexandrie. — 15 francs.

Weil (Daniel), négociant, à Alexandrie.

ESPAGNE.

Délégué : M. Vicente Vasquez Queipo, à Madrid.

S. M. ALPHONSE XII, roi d'Espagne.

Académie espagnole de la Langue, à Madrid.

Académie des Sciences, à Madrid.

Académie des Sciences morales et politiques, à Madrid.

Académie nationale de l'histoire, à Madrid. [Délégué : don Pascual de Gayangos, professeur de langues orientales.]

Accino Vasquez de Araujo (Enrique), vice-consul d'Allemagne, à Linares.

Bibliothèque nationale, à Madrid.

Janer (Don Florencio), archéologue, à Barcelone **.

*Vasquez Queipo (Don Vicente) (✻), membre de l'Académie des Sciences et de l'Histoire, ancien directeur général des Colonies, à Madrid, (**D.**, **C.**, **P.**,).

ÉTATS-UNIS.

Délégué : M. W. D. Whitney, à New-Haven, Conn.

Adams, professeur à l'Association internationale.

American Oriental Society, à New-Haven.

Attwood (Gilbert), Esq., Boston, Mass.

Bancroft (Hubert H.), à San-Francisco, Calif. **

Berendt (le D[r]), à New-York **.

Briggs (le Rév. Ch. A.), pasteur, membre de la Société Orientale Américaine.

Brigham (le Dr Çharles B., à San-Francisco, Californie.

Doggett (W. E.), Esq., Chicago, Ill.

Elliot (Charles), professeur à Chicago, Ill.

Gillet (Félix), Nevada City, Nev., Californie.

Gilman (Daniel C.), president of the University of California, Berkeley, Cal.

Griffis (Prof. William E.), ancien professeur au *Kai-sei-gak-kau*, de Kyauto, à Philadelphie, Penn. **

Gross (Jos.-Peter), avocat, à Philadelphie, Penn.

Haldeman (Prof. S. S.), à Chickies, Penn.

Henry (le professeur), secrétaire de l'Institut Smithsonien, à Washington.

Hitchcock.

Hodgson (William B.), Savannah, Ga.

Moffat (James C.), professeur, à Prinçeton, N. J.

Philosophical Society, à Harford, Conn.

*Read (le général Meredith), consul-général des États-Unis d'Amérique. — (55, rue de Châteaudun.) (R.).

Rilleux (Norbert), égyptologue, à la Nouvelle-Orléans.

*Rudy (Charles), sinologue, fondateur de l'Association internationale des professeurs. — (Faubourg Saint-Honoré, 19.)

Salisbury (Edw.-E.), président de la Société Orientale Américaine, à New-Haven, Conn.

Schliemann (Henry), voyageur en Asie-Mineure **.

Smithsonian Institution, à Washington.

Smyth (le Rév. Thomas) à Charleston.

Starring (le général), au service des États-Unis.

Stone (Edwin M.), à Providence, Rhode Island **.

Taylor (le Rév. James B.), Richmond, Va.

Taylor (Alexander), à Santa-Barbara, Calif. **

Thayer (le Rév. Thacher), New-Port, R. I.

Trumbull (Hammond), président de l'*American Philological Society*, à Hartford, Conn.

Van Name (Addison), librarian of the University and treasurer of the American Oriental Society, New-Haven, Conn.

Vaughan (William J.), Tukaloosa, Ala.

White (D. Andrew), président of Cornell University, Ithaca, New-York.

Whitney (W. D.), secretary of the American Oriental Society, New-Haven, Conn. (D.)

Wilson (Samuel J.), professeur à Allehhari City, Pa.

Winthrop (Robert C.), président de l'*Historical Society of Massachussets*.

---

*Read (Mme la générale Meredith).

FINLANDE.

Délégué : M. Yrjö Koskinen, à Helsingfors.

Ahlqvist (le Dr August), professeur de langue finnoise, à l'Université, à Helsingfors.

Bibliothèque de l'Université, à Helsingfors.

Donner (Otto), professeur agrégé de linguistique comparée, à Helsingfors.

ESTLANDER (le Dr C. G.), à Helsingfors.

KOSKINEN (Yrjö), professeur d'histoire à l'Université, à Helsingfors (D.).

LAGUS (I.-W.), professeur de langue grecque, à Helsingfors.

LŒNNROTT (Elias), à Helsingfors.

Société Littéraire, à Helsingfors.

STRANDMAN, professeur de littératures orientales, à l'Université, à Helsingfors.

GRÈCE.

*ARGHYRIADÈS (Panaiotis), orientaliste, à Castoria.— (27, rue Bonaparte.)

ARGHYROPOULOS, avocat, à Athènes.

CORONEOS (P.), député, à Athènes **.

LASCARIDI (Georgios), secretaire de la Légation Hellénique, à Londres.

*LAMPRYLLOS (Cyriaque), orientaliste, docteur en droit, Athènes. — (3, rue Vivienne.)

*LESBINI (Dr Ch.), élève de l'École des langues orientales.— (7, rue des Écoles.) (C.).

MÉLESSINOS (M. D.), à Patras **.

MÉLÉTOPOULO (Léonidas), ministre, à Athènes **.

RHANGABÊ (Rizo), (✻), ambassadeur, ancien ministre.

SCARAMANGA, attaché à la Légation Hellénique, à Paris.

VALAORITY (Xénophon), député, à Sainte-Maure, îles Ioniennes.

ZAMBELLI (Napoléon), ancien secrétaire d'État, à Corfou, îles Ioniennes.

HESSE.

Becker (Philipp J.), membre de la Société Américaine de France, à Darmstadt.

HOLLANDE.

Délégué : M. le Dr C. Leemans, à Leiden.

Hendrickz (le Dr), médecin consultant de S. M. le roi des Pays-Bas.

Hoffmann (J. J.), professeur de japonais et interprète du gouvernement néerlandais, à Leyde.

* Langenhoff (Jean-Joseph), missionnaire apostolique à Valkenberg, près Maëstricht, Limbourg. — (102, rue des Boulets.) (**C.**, **P.**).

Leemans (Dr C.), conservateur du Musée royal néerlandais d'antiquités, à Leyde (**D**).

Pleyte (W.), conservateur au Musée royal néerlandais d'antiquités, à Leyde (**D.**).

Roorda van Eysinga (J. E. W.), à La Haye.

HONGRIE.

Hunfalvy, membre de l'Académie hongroise, à Pesth.

*Salamon (François), membre de l'Académie hongroise, à Pesth. — (Hôtel du Pavillon, rue de l'Échiquier.) (**C.**, **P.**).

INDE ANGLAISE.

Asiatic Society of Bengal, à Calcutta.

Bayley (E. C.), C. S. I., membre du Conseil supérieur des Indes-Orientales, à Simla.

* Leitener (G. W.), directeur du Collége de Lahore.

Long (Rév. J.), à Calcutta.

INDE FRANÇAISE.

Commissaire : M. le baron Textor de Ravisi, à Saint-Étienne, Loire.

Burthey (le R. P.), missionnaire apostolique, au Maduré **.

Hecquet (Emile), membre du Conseil général des établissements français dans l'Inde, à Pondichéry.

* Rat (Gustave) (✻), capitaine au long cours, secrétaire de la Société académique du Var, membre de la Société Asiatique. — (Hôtel de New-York, rue de Beaune.)

Savarayalounaïker (Z.), poëte tamoul, à Pondichéry.

* Textor de Ravisi (le baron) (O. ✻), ancien gouverneur de Karikal, membre de la Société asiatique et de l'Athénée oriental. — (Rue de Braque, 6.) (**D.**, **C.**, **P.**).

INDE NÉERLANDAISE.

Genootschap van Kunsten en Wetenschaapen, à Batavia.

* Schlégel (le docteur G.), interprète pour la langue chinoise du gouvernement des Indes néerlandaises, à Batavia.

ITALIE.

Délégué : M. le professeur A. Severini, à Florence.

* *Accademia (Reale) dei Georgofili*, à Florence. [Délégué : M. Guérin-Méneville.]

Arconati (le marquis G. M.), orientaliste, à Milan.

Amari (✻), ancien ministre de l'Instruction publique,

membre de la Société Orientale italienne, à Florence **.

BENEDETTI (S. DE), professeur, à Naples.

BONCOMPAGNI (S. A. le prince), à Rome.

BONGHI, ancien ministre de l'Instruction publique, à Rome **.

*CORA (Guido), directeur du *Cosmos*, à Turin. — (Hôtel du Palais-Royal.) (**C.**, **P.**).

*DASSI (Giuseppe), orientaliste, à Naples. — (31, rue de l'Écluse.)

FERRARI (Giuseppe).

GORRESIO (Gaspare) (O. ✻), professeur de sanscrit, secrétaire-perpétuel de l'Académie des Sciences, à Turin.

GUISSANI (Carlo), professeur, à Crémone.

Institut de perfectionnement, à Florence.

LIMAS (Jean), professeur à l'École internationale, à Paris.

MANTEGAZZA, professeur, à Pise **.

PUINI (Carlo), japoniste, à Florence.

SEVERINI (Antelmo), professeur de japonais et de chinois à l'Institut de perfectionnement, à Florence. (**D**).

**Societa agraria*, à Milan. [Délégué : M. CARLO AJRAGHI, conseiller municipal.] — (Hôtel de Bade.)

**Societa italiana per gli studj Orientali,* à Florence. [Délégué : M. WEILL-SCHOTT.]

TEZA (le Dr), à Pise **.

VALENZIANI, avocat, orientaliste, à Rome.

VIGANO (Francesco), professeur à l'Institut technique, à Milan.

*WEILL-SCHOTT (Léon), orientaliste, à Milan. — (Hôtel de Bade, boulevard des Italiens.)

LOVATELLI (la contessa Ersilia Caetani), membre de la Société Orientale italienne, à Rome.

JAPON.

Délégué : M. Imamura Warau, à Paris.

S. M. MUTU-HITO, mikado du Japon.

Asiatic Society of Japan, à Yokohama.

Fukusawa Yukiti, diplomate, à Yédo **.

Fukuti Gen-iti-rau, directeur du *Niți-niți sim-bun*, à Yédo **.

Harada Kadumitsi (le colonel), attaché au Ministère de la Guerre, à Yédo.

Hirayama Tarau, Government Student, New-Haven, Conn.

Hongma (A.), Japanese Student, Boston.

* Iduka Osamé, étudiant en droit.

* Imamura Warau, répétiteur à l'École spéciale des langues orientales. — (65, rue Monge), (**D.**, **C.**).

* Irié Fumio, littérateur et professeur d'histoire, à Yédo. — Hôtel Saint-Sulpice.

Iwasita, étudiant en droit, à Paris.

Japanese Engineering College, à Yédo.

* Kawano Togama, à Koti (Tosa) *. — (3, rue de Monceaux.)

Kurimoto Teidirau, ancien officier de marine, à Yédo **.

Masida Keizirau, Government Student, U. S., Naval Academy, Annapolis, Md.

Ministère de l'Instruction publique (Le), à Yédo.

Ministère de la Justice (Le), à Yédo.

Mitukuri Syuhei, docteur-médecin, à Yédo **.

Mourier (le Dr), à Nagoya **.

* Namura Taizau, à Nagasaki. — (3, rue de Monceaux.)

Narusima, publiciste, à Yédo **.

* Nomura Naokagu (de Bizen), attaché au Ministère de la Guerre, à Yédo. — (82, boulevard Mont-Parnasse.)

OGURA YEMON, officier du Ministère de l'Instruction publique, à Nagato.

* SAMÉSIMA NAONOBU (S. Exc.) (O. ✻), envoyé extraordinaire et ministre plénipotentiaire de S. M. le Mikado, à Paris. — 30 francs.

SIMADI MOKURAI, prêtre bouddhiste, au monastère Tokuzi **.

* SYÔZI KINTARAU, attaché au Ministère de l'Instruction publique.

TANAKA FUZIMARO, ministre de l'Instruction publique, à Yédo.

TATUI BABA, homme de lettres, à Londres.

TÉRAZIMA MUNÉNORI, ministre des Affaires étrangères de S. M. le Mikado. — 20 francs.

TOMITA TATUNO-SUKE, consul du Japon, à Newfork, E. U. A.

* TURUTA (de Saga, Hizen), officier du Ministère de la Justice, à Yédo.

YAWATAKA IMAMINO-KAMI, ancien chambellan du taïkoun, à Yédo **.

LUXEMBOURG.

Délégué : M. le professeur BLAISE, à Luxembourg.

Bibliothèque publique de Luxembourg (représentée par le Dr abbé SCHŒTTER).

* BLAISE, professeur à l'École Normale, à Luxembourg. — (Hôtel de France, rue de Buci). (D., C., P.)

JONAS, ancien Ministre, Conseiller d'État, directeur des Domaines, à Luxembourg.

SCHŒTTER (le Dr abbé), à Luxembourg.

WURTH-PAQUET, président de l'Institut de Luxembourg.

MADAGASCAR.

Thirault (Louis), trésorier-payeur de la marine française, à Sainte-Marie.

MAROC.

Vaux (Georges de), consul de France, à Mogador.

MAURICE (ILE).

Commissaire : M. le baron Textor de Ravisi, à Saint-Étienne, Loire.

* Pellereau, docteur-médecin. — (7, rue de Tournon.)

Société royale des Arts et Sciences de l'île Maurice. [Délégué : M. le baron Textor de Ravisi.]

MEXIQUE.

Altamirano (Ignacio), secrétaire de la Société de Géographie, à Mexico.

Limantour (Jos. Y.), avocat du barreau mexicain, à Mexico.

NORVÉGE.

Holmboe, professeur de langues orientales, à Christiania **.

Lieblein (Jens D. C.), égyptologue, à Christiania.

PERSE.

S. M. NASSER-EDDINE, chah de Perse.

Hassan Ali-Khan (C. ✻), ancien ambassadeur, à Téhéran **.

MOHSEIN-KHAN (le général), (O. ✻), à Téhéran **.

* NAZAR-AGA (C. ✻), ministre plénipotentiaire de S. M. le chah de Perse, à Paris. — (Avenue Joséphine.) (C., P.)

POLOGNE.

* BAUMFELD (Charles), orientaliste. — (38, rue Mazarine.)

* DUCHINSKI (de Kiew), à Rapperswyll. — (Hôtel de Flandre, 16, rue Cujas.) (C., P.)

* GALENZOWSKI (X.), (✻), docteur-médecin. — (5, boulevard Malesherbes.)

* GASTOWT (Venceslas), professeur. — (Rue Nollet, 81.)

GOSTYNSKI (Lucien), professeur de sciences. — (2 *bis*, rue des Rosiers.)

* KRASUSKI (Michel), ancien officier, à Kamieniec, Podolie. — (Hôtel de France et de Turquie, rue Jean-Jacques-Rousseau.)

* LANDOWSKI, docteur-médecin, à Paris. — (31, rue Chaptal.)

* LEWICKI, voyageur en Sibérie. — (Rue Victor-Cousin, 4.)

* OLEZCZYNSKI (Antoine), membre de l'Académie des Beaux-Arts de Florence, de Cracovie et de Saint-Pétersbourg. — (187, rue Saint-Jacques.)

* OSTROWSKI (Ch.), (✻), directeur du contrôle de la Compagnie des chemins de fer P. L. M., à Paris.

* PILINSKI (Adam), artiste autotypique, à Paris. — (40, rue des Écoles.)

* PILINSKI (Stanislas), compositeur en musique, à Paris. — (Rue des Écoles, 40.)

PLATER (le comte Ladislas) (✻), conservateur du Musée national polonais, à Rapperswyll, près Zurich.

Rabbinowicz (Dr J.-M.). — (Rue Jacob, 4.)

Rettel (Léonard), membre de la Société littéraire polonaise. — (22, rue Delambre.)

Roller (E.), membre de la Société Asiatique, à Paris.

*† Télessinski (Joseph), artiste compositeur. — (Rue Notre-Dame-de-Lorette, 49.)

Tyskiewitch (le comte Constantin de), à Varsovie **.

*Vitellius (Constantin), professeur de chinois et de japonais. — (Grand-Hôtel.)

Ziélinski (Nicolas de), officier supérieur.

Zulinski (Dr Thadée).

Zulinski (l'abbé Casimir), attaché à l'église Notre-Dame-de-Bonne-Nouvelle. — (Rue Meslay, 42.)

---

*Duchinska (Mme Severine), à Rapperswyll. — (Hôtel de Flandre, 16, rue Cujas.)

*Pilinska (Mme Clémence). — (Rue des Ecoles, 40.)

*Pilinska (Melle Géorgine). — (Rue des Ecoles, 40.)

Zélinska (Mme Joséphine de), à Nijni-Novogorod.

PORTUGAL.

Délégué : le chevalier Da Silva, à Lisbonne.

S. M. DOM LUIS Ier, roi de Portugal et des Algarves.

S. A. R. DOM AUGUSTE, Duc de Coimbre, Infant de Protugal.

Académie royale des Sciences, à Lisbonne.

Andrade (Francisco Martins de), conservateur de Numismatique à la Bibliothèque nationale de Lisbonne.

Avila e Bolama (le marquis d') (G. C. ✱), président de la

Chambre des Pairs, vice-président de l'Académie royale des Sciences, à Lisbonne.

Bibliothèque nationale de Lisbonne [représentée par le conservateur, le commandeur Pulio (Antonio da Silva), membre de l'Académie royale des Sciences].

Cunha Rivara (le commandeur Joaquim Heliodoro Da), secrétaire-général de l'Inde, à Goa.

Figanière (Jorge-Cesar de), commandeur en chef du Ministère des Affaires étrangères, à Lisbonne.

Jayme Moniz (Constantino de Freitas), ministre d'État honoraire, et directeur général du Ministère de l'Instruction publique, à Lisbonne.

Loureiro (José da Silva), consul général de Portugal, à Nagasaki (Japon).

Macedo (le conseiller José Tavares), commandeur, chef du ministère de la Marine, membre de l'Académie royale des Sciences, à Lisbonne.

Mendonça-Cortez (le conseiller João José de), ministre d'État honoraire, professeur à l'Université de Coimbre.

São Jannario (le vicomte de).

Silva (le chevalier J. da), architecte du roi de Portugal, fondateur du Musée d'Archéologie, à Lisbonne (D.).

Silva Leal (le commandeur José Maria), littérateur et membre correspondant de l'Académie royale des Sciences, à Lisbonne.

* Silveira da Minas (Ant.), élève de l'École des Mines.

Société royale des Archéologues portugais, à Lisbonne.

Soromenho (le commandeur Augusto), professeur d'histoire dans les cours supérieurs des lettres, membre de l'Académie royale des Sciences, à Lisbonne.

Souza Ennes (Don Manoel Bernardo de), évêque de Macao.

Université de Coimbre (L').

Vasconcellos-Abreu (Guilherme de), Bacharel em mathematica pela Universidade de Coimbra.

Viale (le conseiller commandeur Antonio José), professeur des Infants de Portugal, membre de l'Académie royale des Sciences, à Lisbonne.

Vianna (José Isidoro), docteur en médecine, à Lisbonne.

Vilhena Barboza (Ignacio de), membre de l'Académie royale des Sciences, à Lisbonne.

Lavradio (condessa de).

Mascaranhas (Dona Maria Thereza de), dame d'honneur de S. M. la Reine de Portugal.

Menezes (Dona Carlota, viscondessa de).

Rio Maior (Dona Maria, condessa de).

Rio Maior (Dona Isabel, condessa de).

San-Miguel (la condessa de).

Serpa Pimentel (Dona Anna Bernex).

Silva Leal (Dona Maria Inez Correia da).

PRUSSE.

Délégué général pour l'Allemagne : M. le Dr R. Lepsius;
Délégué spécial pour la Prusse : M. le professeur H. Steinthal.

Dieterici (Dr F. H.), professeur de littérature arabe, à Berlin.

Dillmann (Dr A.), professeur de théologie, à Berlin.

Gosche (Dr R. A.), professeur de langues orientales, à l'Université de Halle.

* *Hochschule für die Wissenschaft des Judenthums*, à Berlin. [Délégué : M. A. Castaing].

Kuhn (Dr A.), professeur et directeur du Cölnisches Gymnasium, à Berlin.

† LASSEN (Christ.), professeur, à Bone **.

LEPSIUS (Dr Richard), professeur, membre de l'Académie des Sciences, à Berlin (D.).

OLSHAUSEN (Dr J.), conseiller d'État, à Berlin.

PETERMANN (Dr H.), professeur à l'Université de Berlin.

POTT (Dr A. FR.), professeur de linguistique générale, à Halle.

SCHLOTTMANN (Dr Konstantin), professeur de théologie, à Halle.

SCHOTT (Dr Wilhelm), de l'Académie des Sciences, professeur de langues tatares, à Berlin.

STEINTHAL (Dr Heinr.), professeur de linguistique comparée à l'Université de Berlin (D.).

WEBER (Dr A.), professeur à l'Université de Berlin.

RÉPUBLIQUE ARGENTINE.

DAIREAUX (Émile-Honoré), avocat, à Buénos-Aires **.

LOPEZ (Don Vicente Fidel), ancien ministre de l'Instruction publique, recteur de l'Université, à Buénos-Aires.

QUESADA (Don Gregorio Vicente), conservateur de la Bibliothèque publique, à Buénos-Aires **.

ROUMANIE.

Délégué : M. B. AL. URECHIA, à Bucharest.

S. A. le prince CHARLES, prince régnant de Roumanie.

* BIBESCO (S. A. le prince Alexandre). — 20 francs.

ELIESCU, procureur de Cour, à Craïova.

GRADISTEANO (Pierre), avocat, rédacteur de la *Revista Contemporana,* de Bucarest.

HAJDEN (B. P.), professeur de grammaire comparée à l'Université de Bucarest.

LAURIAN (Dr Auguste), docteur en philosophie, professeur à Bucarest.

* MARCUS (Saniel), à Bucarest.

MARULLAT (Ulysse DE), professeur de langue et de littérature françaises à l'Université de Bucarest.

MIHAILESCU (C.), professeur à Bucarest.

MIHAILESCU (G.), professeur à Galatz.

ROSETTI (Mircea C.), à Paris.

URECHIA (le professeur B. Al.), ancien directeur général de l'Instruction publique en Roumanie, professeur à l'Université de Bucarest. (**D.**)

URECHIA (George-C.), docteur en droit, professeur à l'Université de Jassy.

ZANFIRESCU (M.), rédacteur de la *Revista contemporana.*

S. A. la princesse ÉLISABETH, princesse régnante de Roumanie.

ALEXANDRESCU (Melle Ninizza), à Bucarest.

GRADISTEANO (Mme), à Bucarest.

VENTURA (Mme la comtesse R. DE), à Iassy.

RUSSIE.

* BASILEWSKI (Alexandre), conseiller d'Etat, orientaliste, à Saint-Pétersbourg. — (Rue de la Madeleine, 21.) (**D.**)

BERGÉ (Adolphe), président de la Commission d'archéographie, à Tiflis (Caucase).

BOGDANOF (Anatole), fondateur de la Société d'Anthropologie, à Moscou.

BOHUSZ (Piotr DE), de l'Université de Moscou, à Loukoyanow.

Brosset (S. Exc.), membre de l'Académie des Sciences, à Saint-Pétersbourg **.

Demidowicz (Boleslaw de), à Nijni-Novogorod.

Grigoriew (S. Exc. W. W.), docteur ès-lettres orientales, professeur ordinaire à l'Université de St.-Pétersbourg.

Grigorief, doyen de la Faculté Orientale, à Saint-Pétersbourg **.

Kerzelli (Nicolas), directeur du Musée de Moscou.

Khanikof (Nicolas de), ancien consul de Russie en Perse.

Kollmann (le colonel Nicolas de), à Saint-Pétersbourg.

Kowalewski, professeur de langue mongole, à Varsovie **.

Landstein (W. R.), négociant, à Hongkong.

Mentchikoff (Léon), japoniste, de Kharkow, en Ukraine.

* Murcos (Georges), professeur de littérature arabe à l'Institut Lazaref, à Moscou. — (Rue de la Sorbonne, 14.)

Muchlinski (S. Exc. A.), conseiller d'État actuel de S. M. l'Empereur de Russie, professeur émérite et membre honoraire de l'Université impériale de Saint-Pétersbourg.

Osten-Sacken (le baron d'), secrétaire de la Société Impériale de Géographie, à Saint-Pétersbourg **.

* Patkanof (S. Exc. le Dr K.), professeur d'arménien à l'Université de Saint-Pétersbourg. — (43, rue Neuve-des-Petits-Champs.) (C., P.)

Rosen (le baron de), professeur d'arabe, à Saint-Pétersbourg **.

* Tannenberg (Nicolas de).

Université impériale de Saint-Pétersbourg (l').

Wassiliew, professeur de chinois, à Saint-Pétersbourg **.

* Zélinski (Louis de), orientaliste, à Nijni-Novogorod. — (Rue Victor-Cousin, 4.)

*Tannenberg (Mme de).

*Tannenberg (Melle Olga de).

SALVADOR.

S. E. le maréchal Don SANTIAGO GONZALEZ, président de la République.

*Torres Caicedo (C. ✱), ministre plénipotentiaire. — (27, boulevard Haussmann.) (D.)

SAXE-COBOURG-GOTHA.

Pertsch (Dr), bibliothécaire, à Gotha.

SAXE-ALTEMBOURG.

†Conon de la Gabelentz (S. Exc. Henri), conseiller d'État, orientaliste, à Altembourg. (D.).

SAXE ROYALE.

Behrnauer (le Dr Walter), membre de la Société Asiatique, à Dresde.

†Brockhaus (F. A.), éditeur pour les langues orientales, à Leipzig.

Ebers (Dr G. M.), professeur de langues orientales à l'Université de Leipzig.

Fleischer (Dr H. L.), professeur de langues orientales à l'Université de Leipzig.

Krehl (Dr Endolph), professeur de langues orientales à l'Université de Leipzig.

PLATZMANN (le Dr Julius), à Leipzig.
Société Orientale allemande, à Leipzig.

SIAM.

GRÉHAN (DE) (✻), consul général de Siam, à Paris.

SUÈDE.

HILDEBRAND (Hans), Antiquaire du Royaume et directeur du Musée royal d'Archéologie, à Stockholm.
NILLSON (Sven), professeur, à Stockholm **.
STEINORDH (D[r]), à Linkoeping.

SUISSE.

Délégué : M. FR. TURETTINI, à Genève.

* BÉCHAUX (Alfred), orientaliste, à Porrentruy. — (Hôtel Marignan, 13, rue du Sommerard.) (C.)
DUNANT (Henri) (✻), à Genève **.
FREUDENREICH (Henry DE), voyageur au Japon.
LOMBARD (le D[r]), à Genève **.
SIBER (Hermann), vice-consul général de Suisse au Japon.
SOCIN (Dr Albert), orientaliste, à Bâle.
TRAZ (DE), membre de la Société de Géographie, à Genève **.
TSCHUDI, consul général de Suisse, à Vienne **.
* TURETTINI (François), directeur de l'*Atsume-gusa*, à Genève.
VOGT (Carl), professeur, à Neuchâtel **.

---

* MUIJCIETTI (Mme L.), à Besilone, canton du Tessin.

TURQUIE.

NAR-BEY (Ambroise-Calfa), professeur de langue arménienne, à Paris **.

STAB (le capitaine), consul de la République de Libéria, à Constantinople.

VÉFYK-EFENDI (S. Exc. Ahmed), ancien ambassadeur, à Constantinople **.

FRANCE.

LE CONSEIL MUNICIPAL DE PARIS. — 1200 francs.

Académie nationale des Sciences, Belles-Lettres et Arts, à Bordeaux*.

Académie de Stanislas, à Nancy.

Académie des Sciences et Inscriptions et Belles-Lettres, à Toulouse.

ACCOLAS (Emile), professeur de droit, à Paris.

ADAM (Armand), propriétaire, à Paris.

ADAM (Lucien) (✱), substitut du procureur général, à Nancy. — (Hôtel d'Espagne, rue Richelieu.) (C., P.)

ADHÉMAR (le comte D'), à Toulouse.

ADHÉMAR DE LANTAGNAC (le comte D') (O. ✱), capitaine de vaisseau, à Paris.

Agence Orientale et Américaine, à Paris.

ALBOUY (l'abbé Aug.), directeur du journal la *Terre-Sainte,* à la Tuilerie, près Saint-Girons (Ariége).

AMYOT, associé de la librairie Franck, à Paris.

ANDRÉ (le baron D') (O. ✱), capitaine de frégate, à Cherbourg.

ARIBART (Charles), membre du Conseil général des Côtes-du-Nord), à Evran (Côtes-du-Nord).

ARMEZ, membre du Conseil général des Côtes-du-Nord, à Plourivo près Paimpol (Côtes-du-Nord).

Athénée oriental, à Paris. [Délégué : M. LY CHAO-PÉE, 126, rue du Bac.]

AUBIN, ancien professeur de l'Université, à Paris **.

AYMÉ MARTIN, membre du Conseil général de la Drôme, à Marsanne (Drôme).

AYMONIER (C. F.), notaire, au Chaklard (Savoie).

BAILLY D'INGHUEM (le vicomte).

BARBEDIENNE (✱), fabricant de bronzes, à Paris.

BARBIER (Auguste), de l'Académie française, à Paris.

BARBIER, curé de Saint-Souplet, par Le Cateau (Nord).

BARDOUX, député.

BARGÈS (l'abbé) (✱, O. ✿), professeur d'hébreu à la Faculté de Théologie, membre du Conseil de la Société asiatique.

BARTHÉLEMY SAINT-HILAIRE (✱), membre de l'Assemblée nationale et de l'Institut de France.

BARRE (Albert) (✱), graveur général des monnaies de la République, à Paris.

BARROT (Frédéric) (✱), à Paris.

BASTIDE (Louis), élève de l'École spéciale des langues orientales, à Paris **.

BATBIE (O. ✱), ministre de l'Instruction publique.

BEAUREPAIRE (le comte George DE), à Paris.

BEAUVOIS (Eugène), à Corberon (Côte-d'Or) **.

BEDOILLE, agent de change, à Paris.

BÉHIC (G. C. ✱), ancien ministre de l'Agriculture et du Commerce, directeur des Messageries maritimes, à Paris.

BELIN, à Lyon.

BELLECOMBE (André DE), membre de la Société Américaine de France, à Choisy-le-Roi (Seine) **.

Belly (Félix), ingénieur, à Paris.

Benloew (✻), doyen de la Faculté des Lettres, à Dijon **.

Berger (Philippe), orientaliste, répétiteur à l'Ecole des Hautes Etudes, à Paris.

Bermondy (Théophile), à Paris **.

Bernard (Claude) (C. ✻), membre de l'Académie des sciences, professeur au Collége de France.

Bertall (d'Arnoux) (✻), artiste peintre **.

Besnard (Eric), à Neuilly (Seine) **.

Bescher (Auguste), graveur en médailles, à Paris.

Bibliothèque de la Faculté de Droit, à Nancy.

Bibliothèque de la ville de Nantes [M. Pehan, directeur et conservateur.]

Bibliothèque de la ville de Vesoul [M. F. Parrot, conservateur].

Bibliothèque publique, à Arras.

Bigot (J.), entomologiste, à Paris **.

Bille, employé au Secrétariat du Congrès, à Paris.

Bischoffsheim (Raphaël), banquier, à Paris.

Bisson, graveur, à Paris.

Blanc (Charles) (✻), de l'Institut, directeur des Beaux-Arts, à Paris.

Blancart, répétiteur de grec moderne à l'École spéciale des langues orientales, à Paris.

Blou (comte O. de), membre du Conseil général de l'Ardèche.

Boban (Eugène), antiquaire, à Paris.

Boinod, juge de paix suppléant, à Paris.

Boissonnade (Gustave) (✻), professeur agrégé à la Faculté de droit de Paris, jurisconsulte en mission au Japon.

Boissonnet (baron E.) (G. O. ✻), sénateur, général de division, membre du Comité d'artillerie, membre de la Société asiatique, à Paris.

BOISSONNET (A.) (C. ✱), général de brigade, membre du Comité des Fortifications, président du Conseil général de la Marne, à Paris.

BOLLE (Gustave), arbitre rapporteur près le tribunal de Paris.

BONCENNE (Georges), avocat, à Poitiers **.

BONNETTY (A.), directeur des *Annales de philosophie chrétienne*, membre de la Société asiatique, à Paris.

BORIE (Victor), directeur de la Société financière, à Paris.

BOSELLI (✱), juge au Tribunal civil de la Seine, à Paris.

BOSSELET (Hippolyte), publiciste, à Paris.

BOUCHÉ (S.), tailleur breveté du Japon, à Paris.

BOUCHER.

BOUILHET (✱), à Paris **.

BOUILLETTE, à Paris.

BOURDIN, ingénieur, à Neuilly (Seine).

BOURDON, adjoint au maire de Levallois-Perret.

BOURSERET (Eugène), élève de l'Ecole spéciale des langues orientales, à Paris.

BOUSQUET (le capitaine Albert Du) (✱), secrétaire-interprète de la Légation de France à Yédo.

† BRASSEUR DE BOURBOURG (l'abbé) (✱), ancien administrateur des Indiens de Rabinal **.

BRAU DE SAINT-POL-LIAS (Xavier), avocat, à Seix (Ariége).

BRIAU (Dr René) (O. ✱,), bibliothécaire de l'Académie de médecine, à Paris.

BROCA (le Dr) (✱), secrétaire de la Société d'Anthropologie, à Paris.

BRUNEAU, de la Société Américaine, à Nancy **.

BRUNET (O. ✱), capitaine d'artillerie, officier d'ordonnance du ministre de la Guerre, à Versailles.

BRUNET DE PRESLE (✱), de l'Institut, professeur de grec moderne à l'École spéciale des langues orientales.

Buissonnet, négociant, à Changhaï (Chine).

Burgh (le comte Edmond de) (✻), ancien officier de marine, à Vitré (Ile-et-Vilaine) **.

Burnouf (Émile), à Paris.

Burty (Ph.), publiciste, à Paris.

Cahun (Léon), voyageur en Orient.

Caix de Saint-Aymour (le vicomte Am.), membre de la Société Asiatique, à Paris.

Calderon, négociant, à Paris.

Camille, relieur-doreur pour les livres orientaux, à Paris.

Camy (Austinde), à Passy-Paris.

Carnot, sénateur, ancien ministre de l'Instruction publique, à Paris.

Carraby (V.), avocat à la Cour d'Appel de Paris.

Castaing (Alph.) (✻), avocat, à Paris **.

Castillon (le comte de), au château de Castelnau-Picampau, par Le Foussent (Haute-Garonne).

Cernuschi (Henri), à Paris.

Chabas (F.) (✻), égyptologue, correspondant de l'Institut, à Chalon-sur-Saône.

Challamel, artiste peintre, à Paris.

Chambre de Commerce de Lyon (la).

Chanoine (O. ✻), chef d'escadron d'état-major, ancien chef de la mission militaire française au Japon.

Chanton, négociant en objets d'art et curiosités orientales, à Paris.

Chapelle, avocat, à Saint-Étienne (Loire).

Chapon (✻), architecte, à Paris **.

Charmolue, rédacteur scientifique de la *Patrie*, à Paris.

Chartron (Paul), négociant en soies, à Lyon.

Chavanon (l'abbé), à Annonay, Ardèche.

Chéradame (Léopold), banquier, à Asnières.

Chodzko (Alex.) (✻), professeur au Collége de France, ancien Consul général, membre de la Société asiatique, à Paris.

Chossonnery (Antonin), libraire de l'École spéciale des langues orientales, à Paris.

Chrétien, à Neuilly (Seine).

Clausonne (Émile de), propriétaire, à Nîmes (Gard).

Clausonne (Paulin de), à Nîmes.

Clavel, négociant, à Paris.

Claye (Jules) (✻), imprimeur, membre du Cercle de la librairie, à Paris.

Clement (Vincent-Marcel), sériculteur, à Avignon (Vaucluse).

Cliff (Henri), industriel, à Saint-Quentin.

Codur (✻), conseiller général de la Seine, maire de Levallois-Perret.

Collin de Plancy, élève de l'École spéciale des langues orientales, à Paris.

Collin-Portjegoux (Jules) fils, avocat, à Saint-Brieuc (Côtes-du-Nord).

Colmet d'Aage (O. ✻), doyen de la Faculté de Droit, à Paris.

Colomb (Albin), à Paris.

Comptoir d'Escompte de Paris (le Directeur du). — 24 francs.

Consistoire de la religion réformée (le), à Montauban.

Coquerel (Athanase) fils, pasteur-aumônier, à Paris.

Coquerel (Étienne), à Paris.

Coquerel (Paul), à Paris.

Cosson (le baron de), à Amboise (Indre-et-Loire).

Cotillon (Johannes), professeur à l'École Monge, à Paris.

Cotty (Armand), ancien professeur, agent de la Société d'Ethnographie, à Paris.

Courbe (Ch.), membre correspondant de la Société Américaine de France, à Nancy.

Cousin (Charles) (✻), inspecteur principal des chemins de fer du Nord, à Paris.

Couturier (Henry), à Paris.

Croizier (le marquis de) (✻), consul de Grèce, à Châteauneuf-Baudier, par Léognan (Gironde).

Cuenne (Auguste), de la Société générale, à Auch.

David (Mgr) (O. ✻), évêque de Saint-Brieuc et Tréguier, à Saint-Brieuc (Côtes-du-Nord). — 50 francs.

†Decheveau-Dumesnil, publiciste, à Levallois (Seine).

Degron (✻), directeur des postes françaises, à Yokohama.

Deladreuc (l'abbé), curé de Saint-Paul, près Beauvais.

Delaître, ingénieur de la marine, à Cherbourg (Manche).

Delamarre (Théodore) (✻), peintre et orientaliste, membre de la Société asiatique, à Paris.

Delaporte (O. ✻), ancien consul général de France en Orient.

Delaporte (O. ✻), lieutenant de vaisseau, explorateur du Cambodge, à Paris.

Delboy (Alfred), conseiller municipal, à Bordeaux.

Deloncle (François), élève de l'École spéciale des langues orientales pour l'hindoustani, à Paris.

Delondre (Gustave), membre de la Société asiatique, ancien élève de l'Ecole spéciale des langues orientales.

Denfert-Rochereau (Eugène), secrétaire-général du Comptoir d'Escompte, à Paris.

Dervieux, banquier, à Paris.

Descoins (François), typographe, à Paris.

Desnos, entrepreneur, à Versailles.

Dilhan (Aug.) (O. ✱), voyageur en Orient.

Domenech (l'abbé Emm.), membre de la Société Américaine **.

Dousdebès (Albert), à Yokohama.

Drouin (Edmond), membre de la Société Asiatique, à Soisy-sous-Étioles (Seine-et-Marne).

Drouyn de Lhuys (G. C. ✱), ancien ministre des Affaires Étrangères, membre de l'Institut.

Druilhet-Laforgue, délégué régional de la Société d'Ethnographie, à Bordeaux.

Dubois (E.), professeur à la Faculté de Théologie, à Lyon.

Ducasse (G. O. ✱), général de division, à Paris.

Duchateau (Jean-Julien-René), membre de la Société asiatique, à Paris.

Duchateau (Pierre-Joseph-Julien), officier d'artillerie de marine en retraite, à Paris.

Duchateau (Pierre-Noël), préparateur de soies, à Paris.

Dufriche-Desgenettes, ancien officier de marine, voyageur à Java.

Dugat (Gustave), chargé de cours à l'École spéciale des langues orientales, membre du Conseil de la Société asiatique, à Paris.

Duhousset (le colonel) (O. ✱), voyageur en Perse, membre de la Société d'Ethnographie, à Paris.

Dulaurier (✱), de l'Institut, professeur d'arménien à l'École spéciale des langues orientales, membre du Conseil de la Société asiatique, à Paris.

Dumas (Victor), membre de l'Athénée oriental, à Argenteuil.

†Duplessis (C. ✱), général de division, à Courbevoie (Seine).

Duployé, sténographe de la Société d'Ethnographie, à Paris.

DUPUIS, conducteur des ponts et chaussées, à Granville (Manche).

DURENNE (Antoine), maître de forges, à Paris.

DURET (Théodore), avocat, à Paris.

DURY (le Dr), directeur du collége français, à Kyauto**.

DUTEUIL, docteur-médecin, voyageur au Japon, à Libourne.

DUVELLEROY (J.) (✻), éventailliste, à Paris.

DUVELLEROY fils, éventailliste, à Paris.

Ecole spéciale des langues orientales vivantes, à Paris.

EHRARDT-SCHIEBLE (✻), graveur-géographe, à Paris.

†EICHHOFF (F. G.) (✻), correspondant de l'Institut, ancien inspecteur de l'Université et professeur de Grammaire comparée à l'École Gerson.

† ÉLIE DE BEAUMONT (G. O. ✻, O. ✻), secrétaire perpétuel de l'Académie des Sciences, à Paris.

ENGELHARDT, avocat, conseiller municipal de Paris **.

ERNAULT, professeur au Collége d'Arcueil.

FAIDHERBE (le général) (G. O. ✻), à Lille.

FAUVEL (Albert), à Cherbourg **.

FEER (Léon), de la Bibliothèque nationale, membre du Conseil de la Société asiatique, à Paris.

FÉRY (Aug.), à Paris.

FIGUIER (Louis) (✻), publiciste, à Paris.

FISCHER (Ernest), à Paris.

Fonderie générale, à Paris.

FOUBERT (Eugène), propriétaire, à Villedieu-les-Poëles (Manche).

FOUCAUX (✻), professeur de sanscrit au Collége de France, membre du Conseil de la Société asiatique et de l'Athénée oriental, à Paris.

Fourneri, employé, à Paris.

Fournier (Mgr Félix) (✱), évêque de Nantes.

Frandin (Joseph-Hippolyte), attaché au ministère des Affaires étrangères, élève de l'École spéciale des langues orientales, à Paris.

Fridrich (Gustave), à Paris.

Frigniet (Ernest), docteur en droit et ès-sciences, ancien avocat au Conseil d'Etat.

Gannivet (Maurice), licencié en droit, à Paris.

Garcin de Tassy (✱) membre de l'Institut, professeur d'hindoustani à l'École spéciale des langues orientales, président de la Société Asiatique, à Paris.

Garde (François) (✱), négociant, à Paris.

Garnier, ingénieur de la marine, à Cherbourg (Manche).

Gaultier de Claubry (X.), ancien membre de l'École d'Athènes, à Rosny-sur-Seine (Seine-et-Oise).

Gauthier du Mottay, Conseiller général, président de la Société archéologique des Côtes-du-Nord, à Saint-Brieuc (Côtes-du-Nord).

Gasnault (Paul), orientaliste, à Paris.

Gaulle (Jules de), élève pour le chinois de l'École spéciale des langues orientales, à Paris.

Gérard, archiviste des Musées du Louvre, à Paris.

Geslin, architecte et peintre, ancien inspecteur au Musée du Louvre, à Paris.

Gimère, à Paris.

Girard de Rialle (✱), orientaliste, ancien préfet, à Paris. — 24 francs.

Goguel, pasteur-président du Consistoire de la confession d'Augsbourg, à Paris.

Gouin (O. ✱), président de la Chambre de Commerce de Paris, membre de l'Assemblée nationale.

GRASSIEN, libraire, à Tours.

Grand Cercle (le), à Paris.

GRAVIER (Gabriel) (✿), à Rouen **.

GRÉBAUT (Émile), ancien élève de l'École des hautes études, avocat à la cour d'appel de Paris.

GRÉGOIRE (Eugène), directeur de l'Agence du Comptoir d'Escompte, à Yokohama.

GRÉLAT (Léon), médecin, à Boulogne (Seine) **.

GREZ (Paul), pharmacien, à Neuilly (Seine) **.

GROLLEAU (Mgr) (✱), évêque d'Évreux.

GROSJEAN (Émile), à Nancy.

GUENEAU, docteur-médecin, à Levallois (Seine).

† GUÉRIN-MÉNEVILLE (✱), inspecteur général de la sériculture, à Paris.

GUERRIER DE DUMAST (le baron) (✱, ✿), correspondant de l'Institut, membre de l'Académie de Stanislas et de la Société asiatique, à Nancy (Meurthe-et-Moselle).

GUGLIELMINI (Antonio), à Paris.

GUIEYSSE (Paul) (✱), ingénieur-hydrographe de la marine, égyptologue, à Lorient.

GUIMET (Emile), à Lyon.

GUYET, agent de change honoraire, à Paris.

HALÉVY (Joseph), lauréat de l'Institut, à Paris.

HAUTECLOCQUE (le comte de), à Arras (Pas-de-Calais).

HAVARD (Ad.), ancien élève de l'École polytechnique, fondeur de cloches à Villedieu-les-Poêles (Manche).

HÉMERY DE GOASCARADEC fils, à Saint-Brieuc.

HÉRÉDIA (José-Maria DE), à Paris.

HERLOFSEN (Émile), à Rouen **.

HERVÉ (Camille), indianiste, à Paris.

HERVEY DE SAINT-DENYS (le marquis D') (✱), professeur

de chinois au Collége de France, au château du Bréau, par Ablis (Seine-et-Oise).

HOVELACQUE, orientaliste, directeur de la *Revue linguistique*, à Paris.

HUBERT-MÉNAGE, négociant, à Paris.

HUGUET (Prosper), (✿), ancien magistrat, vice-président de la Société archéologique et historique, secrétaire-général de la Société d'Émulation des Côtes-du-Nord, à Saint-Brieuc (Côtes-du-Nord).

ISIDOR (O. ✻), grand rabbin de France, à Paris.

JACOLLIOT (Louis) (✻), voyageur dans l'Inde, à Bois-Colombes, près Paris.

JALABERT (Philippe) (✻), doyen de la Faculté de Droit, à Nancy.

JARRE (✻), greffier à la Cour de cassation, à Paris.

JAURÈS (l'amiral) (O. ✻), membre de l'Assemblée nationale, à Paris.

JOLLIVET, membre de la Société d'Ethnographie, à Paris.

JOUAULT (Alph.), secrétaire général de la Société Américaine de France, à Paris.

JUBIN, directeur de la Société franco-japonaise, à Yokohama (Japon).

JULIEN (Félix) (O. ✻), ancien officier de marine, à Toulon-sur-Mer (Var).

† JULIEN (Stanislas) (C. ✻), de l'Institut, administrateur du Collége de France, professeur de chinois et de tartare-mantchou, à Paris.

KRAETZER (Émile), chancelier de la Légation de France, à Yédo (Japon).

LABOULAYE (C. ✻), de l'Institut, administrateur du Collége de France, membre de l'Assemblée nationale, à Paris.

LA CHENELIÈRE (Gaston DE), juge, secrétaire-archiviste de

la Société d'Émulation des Côtes-du-Nord, à Saint-Brieuc (Côtes-du-Nord).

La Ferté-Senectère (le marquis Aug.-Mar.-Faustin de) (✱), membre de la Société asiatique, au château d'Alet, par Légueil (Indre-et-Loire).

Lancrenon, élève-ingénieur à l'École des Ponts et Chaussées, à Paris.

Landa, à Chalon-sur-Saône.

Latouche (Emmanuel) (❀), secrétaire de l'Ecole spéciale des langues orientales, à Paris.

Laurent (F.), ingénieur des manufactures de l'État, à Paris.

Laurent (Ernest), négociant, à Paris.

Laverrière, secrétaire de la Société d'agriculture de France, à Paris **.

Le Bailly d'Inghuem (le vicomte), à Paris.

Le Brun, architecte, à Lunéville (Meurthe-et-Moselle).

Lecaudey (E.), docteur-médecin, à Paris.

Leclerc (Charles), libraire-éditeur pour les langues orientales, à Paris.

Lédier (Alfred), membre de la Société Américaine de France, à Paris **.

Le Duc (Léouzon) (✱), publiciste, à Paris.

Lefèvre (Albert), constructeur, à Paris.

Lefèvre (André), licencié ès-lettres et en droit, archiviste-paléographe, membre de la Société asiatique de Paris, à la Ferté-Gaucher (Seine-et-Marne).

Legrand (Émile), helléniste, à Paris.

Legrand (J. A.), docteur-médecin, à Neuilly (Seine).

Legras (Félix), avocat, administrateur de la Compagnie parisienne du gaz, à Paris.

Legras (Marius), professeur de langues étrangères, à Paris.

LEHOUX (Édouard), agent de change, à Paris.

LEHOUX (Georges), à Paris.

LEHOUX (Léon), au château de Gérier-Vallée, par Nonancourt, (Eure).

LEMAÎTRE (E.), négociant, à Paris.

LEMERCIER (Alfred), artiste, à Paris.

LEMERCIER (R.-J.) (✻) imprimeur-lithographe, à Paris.

LEMOUSSU (Adolphe), expert-géomètre, membre fondateur de la Société des Agriculteurs de France, à Saint-Brieuc (Côtes-du-Nord).

LENORMANT (François), lauréat de l'Institut, membre de la Société asiatique, au château de Bossieu, par Culoz (Ain).

LEQUESNE (✻), statuaire, à l'Institut, à Paris.

LEROUX (Ernest), éditeur, à Paris.

LESAGE (Paul), avocat à la Cour de Cassation, à Paris.

LESOUEF, membre de la Société d'Ethnographie, à Paris.

LESSEPS (le baron Jules DE) (O. ✻), agent de S. A. le bey de Tunis, à Paris **.

LEUPOL (✻), membre de l'Académie de Stanislas, à Nancy.

LE VALLOIS (Jules) (✻), capitaine du génie, orientaliste, à Paris.

LE VALLOIS (Alphonse), ingénieur, à Joinville-le-Pont (Seine).

LÉVY-BING, banquier, membre de la Société asiatique, à Nancy.

LEYBEL, à Paris.

LHOMME (Charles), élève de l'École spéciale des langues orientales pour le japonais, bachelier ès lettres, employé à la Préfecture de la Seine, à Paris.

LIBRECHT D'ALBECA (Alexandre), à Paris **.

LISBONNE, rédacteur en chef de l'*Union républicaine*, à Valence (Drôme).

LIVET (✿), directeur et fondateur de l'École technique et professionnelle, à Nantes (Loire-Inférieure).

LONG (Ed.), membre de la Société Américaine de France, à Paris **.

LONGPÉRIER (Adrien DE) (O. ✱), membre de l'Institut, à Paris.

LONGPERIER (Henri DE), à Paris.

LOUET, orientaliste, à Paris.

LOUYRETTE (Eugène), voyageur en Chine, et importateur d'objets d'art du Japon et de Chine, à Paris.

LOYER (Félix), propriétaire, à Paris. — 82 francs.

LOYER (Paul), à Paris.

LUCAS (Charles), architecte, à Paris.

LUPPÉ (le vicomte Ollivier DE), à Saint-Martin.

MADIER DE MONTJAU, ancien inspecteur des agences du Comptoir d'Escompte en Chine et au Japon, à Paris.

MAGNIN, doreur, à Paris.

MAHÉ (Pierre), libraire-éditeur, à Paris.

MALTE-BRUN (V.-A.) (✱), président de la Société de géographie, à Paris.

MANCERON (✱), capitaine d'artillerie, à Paris.

MARBEAU (Ch.-Edouard), auditeur au Conseil d'État, à Paris.

MARBOU, conseiller, à Paris.

MARCERON, ancien élève de l'École des langues orientales pour le japonais, membre de l'Athénée oriental, à Paris.

MARESCALCHI (le comte) (✱), ancien capitaine des zouaves, membre de la mission Birmanienne, à Paris.

MARET (Mgr) (O. ✱), évêque de Sura, doyen de la Faculté de Théologie, à Paris.

MARGELIDON, membre de la Société des Études japonaises, à Paris.

MARIE-CARDINE, licencié ès lettres, professeur à l'Association philotechnique, membre du conseil d'administration de la Société pour l'Instruction élémentaire.

MARIETTE-BEY (C. ✻), à Boulogne-sur-Mer **.

MARLE (MORTEMART DE BOISSE, comte DE) (✻), à Paris.

MARON (J. H.) négociant, à Yokohama (Japon).

MARON (Casimir), banquier, à Grand-Serre (Drôme).

MARQUET DE VASSELOT (Anatole) (), sculpteur, à Passy.

MARRE (Aristide) (O.), membre de la Société asiatique, élève, pour le malay, de l'École spéciale des langues orientales, à Paris.

MARSY (DE), bibliothécaire de la Ville, à Compiègne.

MARTIN, pharmacien de première classe, à Levallois.

MARTIN (Henri), sénateur, à Paris.

MARTIN (l'abbé Paulin), membre de la Société asiatique, à Paris.

MARTIN (Prosper), propriétaire, à Paris.

MASPÉRO, professeur d'archéologie égyptienne au Collége de France, à Paris.

MATTHIEU (✻), fabricant d'instruments de chirurgie, à Paris.

†MATTHIEU (Son Éminence le cardinal) (G. C. ✻), à Besançon.

MAURY (Alfred) (C. ✻), de l'Institut, directeur des Archives nationales **.

MAY (Albert), négociant, à Paris.

MEHEDIN (Léon) (✻), artiste et voyageur en Égypte, à Meudon **.

MELLOTTÉE (Anatole) élève de l'École spéciale des langues orientales, pensionnaire du Ministère des affaires étrangères pour le chinois et le japonais.

MÉNANT (Joachim) (✿), juge, au Hâvre.

MÉRIONEC (Alain DE), à Paris.

MERITENS (le baron Eugène DE) (✱), ancien commissaire général des douanes chinoises, à Foutcheou.

MERMET DE CACHON (✱), ancien missionnaire apostolique au Japon **.

MEYER (Théodore), chancelier du Consulat général de France, à Saint-Pétersbourg **.

MICHALOWSKI (le D[r]), à Paris **.

MICHELS (A. DES), à Paris.

MICHELS (Abel DE) (✿), professeur d'annamite à l'École spéciale des langues orientales, à Paris **.

MICHON (Jean-Hippolyte), membre de l'Athénée Oriental, à Paris.

MIKORSKI (le comte Louis DE), à Paris.

MINORET (Eugène), avocat, maire de Champrosay **.

MONCHICOURT, banquier, à Paris.

MONTAGNON (Adrien-Émile), compositeur pour les langues orientales, à Paris.

MONTBLANC (comte Charles DE), voyageur au Japon; au château d'Ingelmunster (Belgique).

MONTANO (le D[r]), à Toulouse.

MONTEFIORE, ancien commissaire de la Nouvelle-Galles du Sud, à Paris **.

MORISSET (l'abbé Edmond), directeur du pensionnat Saint-Eugène, membre de l'Athénée oriental, à Lussac-les-Châteaux (Vienne).

MOUQUERON (Pierre-Arsène), membre de la Société d'Ethnographie, à Paris.

MOURET (Georges), élève-ingénieur à l'École des Ponts et Chaussées, à Brives (Corrèze).

MOURGUE (Frédéric), ancien négociant à la Havane, à Paris.

MOURGUES (Edmond), négociant, à Paris.

MOURIER (C. ✻), vice-recteur de l'Académie de Paris.

MOXEL (Georges), à Paris.

NIBELLE (Adolphe), compositeur de musique, à Paris **.

NINET (Auguste), professeur de dessin, à Paris.

†NOÉ (le comte Roger DE) (✻), secrétaire d'ambassade, à Paris.

NORBERG (Jules) (✻), à Nancy (Meurthe-et-Moselle).

OPPERT (Jules) (✻), lauréat de l'Institut, professeur au Collége de France, président de l'Athénée oriental, membre du Conseil de la Société asiatique, à Paris.

ORSIER (Joseph), avocat, professeur de droit, à Paris.

ORY (Paul), ingénieur civil, à Paris.

PARIEU (DE) (G. C. ✻), sénateur, membre de l'Académie des Sciences Morales et Politiques, ancien Ministre de l'Instruction publique et président du Conseil d'État.

PAVIE (Théodore), professeur démissionnaire de sanscrit au Collége de France, à Segré (Maine-et-Loire).

PEIGNIET (Charles), architecte, à Paris **.

PENDEZEC (✻), capitaine d'état-major, à Paris.

PÉRICAT (L.), libraire, à Tours.

PÉRIER, membre du Conseil général de la Drôme, à Crest (Drôme).

PERRINEL (Charles), membre de la Société d'Ethnographie, à Paris **.

PETIT (l'abbé), curé du Hamel, canton de Grandvilliers (Oise), membre de la Société asiatique.

PETROCOCHINO (E. Pandia), de Yokohama.

PEYRE (Palmyre), artiste-lithographe, à Paris.

PIATON (P.), président du Conseil d'administration des Hospices civils, à Lyon.

Pierrey (O. ✱), conseiller à la Cour de cassation, à Paris.

Pihan (Eugène), sous-chef des travaux à l'Imprimerie Nationale, à Paris.

Pinart (Alphonse) voyageur en Orient, à Marquise (Pas-de-Calais).

Pipart (l'abbé), membre de la Société d'Ethnographie, à Vernou-sur-Brenne (Indre-et-Loire).

Poirier, négociant, à Granville (Manche).

Porte (Edmond), négociant, à Saint-Étienne (Loire).

Pourcelt (✱), notaire, à Paris.

Quantin (G.), imprimeur-lithographe, à Paris.

Quatrefages (de) (O. ✱), de l'Académie des Sciences, professeur au Muséum d'Histoire naturelle.

Raimon (Léon), négociant en soieries, à Paris.

Rambaud, professeur à la Faculté des Lettres, à Caen (Calvados).

Ramus, architecte, contrôleur de la Banque de France, à Paris.

Raynaud (G.), co-fondateur de la Compagnie *Le Progrès*, inspecteur d'assurances.

Réal des Perrières, négociant, à Osaka (Japon).

Reboux (J.), archéologue, aux Ternes-Paris.

Renard (Ernest), à Paris.**

Renty, avocat, à Paris **.

Rérolle (J.), professeur à l'Ecole Albert-le-Grand, à Arcueil.

Revillout (Eugène), conservateur adjoint du Musée Égyptien du Louvre, membre de la Société Asiatique, à Paris.

Rey, président du Conseil général de la Drôme, à Saillans (Drôme).

REYNAUD (Joa.), négociant, à Yokohama (Japon).

RICHARD, membre du Conseil général de la Drôme, à Nyons (Drôme).

RICHARD (J. B.), directeur de l'Agence du Comptoir d'Escompte, à Changhaï (Chine),

RIGAUD (Fernand), à Paris.

RIVIÈRE, avocat, à Tours.

ROBIOU, sous-directeur à l'Ecole des Hautes-Etudes, à Paris.

ROCHARD (Francis), sténographe-professeur, à Paris.

ROCHET (Charles), membre de la Société d'Anthropologie, à Paris.

†ROCHET (Louis), (✱) sinologue et statuaire, membre de la Société asiatique, à Paris.

ROGUET (Just), commissaire-priseur, à Paris.

ROSNY (Henri DE), à Levallois (Seine).

ROSNY (Léon DE), professeur à l'École spéciale des langues orientales, président de la Société d'Ethnographie, à Levallois (Seine).

ROUDIL (M. J.), à Versailles.

ROUVILLE (DE), conseiller à la Cour d'appel, à Nîmes (Gard).

ROZE (vice-amiral) (G. O. ✱), membre du Conseil d'Amirauté, à Paris.

ROZE (Ferdinand), à Paris.

RUCK, docteur-médecin, à Paris.

SAFFRAY (le comte DE), à Paris **.

SAINT-AIGNAN (l'abbé Laurent DE), membre de l'Académie des Arcades de Rome et de la Société asiatique de Paris, vicaire de Saint-Pierre, au presbytère, à Orléans.

SALABELLE, ancien directeur du Collége franco-japonais de Yokohama, à Valence (Drôme).

SARAZIN (François), professeur de langue japonaise pour les commençants, élève breveté de l'École spéciale des langues orientales, à Paris.

SARTIGES (le comte DE) (G. O. ✻), ancien ambassadeur, à Paris.

SAULCY (F. DE) (C. ✻), membre de l'Académie des Inscriptions et belles-lettres, à Paris.

SCHÉFER (Ch.) (C. ✻), administrateur de l'École spéciale des langues orientales, à Paris.

SCHLOSSMACHER, membre de la Société des Études japonaises, à Paris **.

SCHOEBEL (Charles), indianiste, à Paris.

SCHRYVER (Louis DE), à Paris.

SCHUHL (Moïse), rabbin, à Saint-Etienne (Loire).

SCHWOB (Georges), ancien secrétaire de S. A. Ismaïl-Pacha, conseiller municipal, à Tours.

†SÉDILLOT (O. ✻), secrétaire du Collége de France, membre du Conseil de la Société asiatique, à Paris.

†SEGUIER (Alfred) (✻), conseiller à la Cour d'appel, à Orléans.

SEIGNAC-BECK (Franz), curé de Labarde, par Margaux (Gironde).

SEMALLÉ (René DE), membre de la Société Américaine de France, à Versailles **.

Séminaire (le grand), à Nîmes (Gard).

†SEQUELIN (Fernand), orientaliste, à Nîmes (Gard).

†SERVAN, vice-président du Conseil général de la Drôme, à Romans (Drôme).

SERVANT (Alexandre) (O. ✻), à Paris.

SEYTI, licencié ès sciences, à Paris.

SICHEL (le Dr), à Paris **.

SICHEL (Auguste), à Paris **.

SILBERMANN (J.-J.) (✻), au Collége de France, à Paris.

SILHOL (Alfred), propriétaire, à Nîmes (Gard).

SINGER (Henri), membre de la Société des Études japonaises, à Paris.

SIRE (Émile), négociant-commissionnaire, à Granville (Manche).

Société Américaine de France. [Délégué : M. A. CASTAING (✻).]

Société archéologique du midi de la France, à Toulouse.

Société Archéologique de Nantes et de la Loire-Inférieure, à Nantes.

Société d'Émulation des Côtes-du-Nord, à Saint-Brieuc.

Société d'Ethnographie, à Paris. [Délégué : M. SILBERMANN, du Collége de France.] — 72 francs.

Société des Études japonaises, à Paris.

Société française de Numismatique, à Paris. [Délégué : M. LEGRAS.]

Société Franco-Japonaise, à Paris. — 150 francs.

Société d'histoire et d'archéologie, à Chalon-sur-Saône.

Société Historique du Cher. [Délégué : M. LOURIOU, président de la Société, à Bourges.]

Société des Sciences, de l'Agriculture et des Arts, à Lille (Nord). [Délégué : M. le professeur Léon DE ROSNY.]

SOMM (Henri), aquafortiste, ancien élève de l'École spéciale des langues orientales, à Paris.

SOUHART (Fernand), élève de l'École spéciale des langues orientales, à Paris.

TANNEUR, à Paris.

TEISSONNIER (l'abbé), directeur du grand Séminaire, à Nîmes Gard).

Thevenet, ingénieur des Ponts et Chaussées, à Granville (Manche).

Thevenet, élève ingénieur de la Marine, à Cherbourg (Manche).

Thevenot, secrétaire du Grand-Orient de France, à Paris.

Thonnelier (Jules), membre de la Société asiatique, à Paris.

Thorel (le Dr) (✻), membre de l'Expédition du Mëkong, à Paris.

Tremblay (Jules), imprimeur, à Paris.

Tugault (Alfred), professeur de langue malaye, à Marseille.

Vallabrègue, publiciste, à Paris.

Verdalle (le marquis de) (✻), à Ecouen (Seine-et-Oise).

Verne (Louis), Pasteur président du consistoire réformé de Paris.

Verny (A.), ingénieur en chef de l'Arsenal de Yokosuka (Japon).

Viard, à Paris.

Viciot (le Dr), médecin, à Juvisy **.

Villemereuil, (le commandant de) (O. ✻), à Cherbourg (Manche).

Villeserre, prote de l'imprimerie Bouchard-Huzard, à Paris *.

Vimont, docteur-médecin, à Paris.

Vincent (Édouard), de la Société Générale, à Paris.

Vinson (Julien), garde-général des Forêts, indianiste, à Bayonne *.

Vlangali-Handjéri, (S. A. le prince Michel), au château de Manerbe, par Lisieux (Calvados).

Vogt de Reissac, à Paris.

Vogüé (le comte Melchior de) (✻), de l'Institut, ambassadeur de France, à Constantinople.

WEIL (Moïse), à Levallois (Seine).

WEYER (Eugène), directeur de la Société française et belge, à Paris.

WURTZ (C. ✱), doyen de la Faculté de Médecine, à Paris.

ZUBER, artiste-peintre, voyageur en Corée.

---

†ADHÉMAR DE LANTAGNAC (Mme la comtesse D'), à Paris.

AIGUEBELLE (Mme Elvira D'), à Paris.

ANDRÉ (Mme la vicomtesse D'), à La Calmette, par Saint-Geniès (Gard).

BOSSELET-DUBOUSQUET (Mme), à Paris.

BOUCHARD-HUZARD (Mme veuve), imprimeur-libraire, à Paris.

BRULANT (Melle), bachelier ès-lettres, à Paris.

BURGH O'FARELL (Mme la comtesse DE), à Vitré (Ille-et-Vilaine).

CHABRILLAN (Mme la comtesse DE), à Paris.

CAMILLE (Mme), à Paris.

CAMILLE (Melle Alphonsine), à Paris.

CLAUSONNE (Mme E. DE), à Nîmes (Gard).

COQUEREL (Mme Ve Athanase), à Paris.

COQUEREL fils (Mme Ve Athanase), à Paris.

CROIZIER (Mme la marquise DE), à Paris.

DELAMARRE (Mme Théodore), à Boulogne-sur-Seine.

DELONDRE (Mme Félicia), membre de l'Athénée oriental, à Paris.

DEVAUX (Mme Virginie), à Levallois (Seine).

DUMAS (Mme Marie), à Paris.

DURGET (Mme), à Luxeuil.

FAUCHEUX (Mme), à Paris.

FAUVELLE (Mme), à Cherbourg (Manche).

FER (Mme), à Paris.

FÉRY (Melle Lucie), à Paris,

GÉMEAUX (Mme la comtesse DE), à Paris.

GESLIN (Melle Corinne)), à Paris.

GRANDIN (Mme veuve), à Paris.

HERVEY DE SAINT-DENYS (Mme la marquise D'), au château du Bréau.

KRAETZER (Mme), à Paris.

LEGRAND (Melle), à Neuilly (Seine).

LÉVY-BING (Mme), à Paris.

LONGPÉRIER (Melle Henriette DE), à Paris.

LONGPÉRIER (Melle Marie DE), à Paris.

LOWENDAL (Mme la comtesse DE), à Paris.

LOYER (Mme Félix), à Paris.

LOUYRETTE (Mme), à Paris.

LUPPÉ (Mme la marquise DE), à Paris.

MADEC (Mme la comtesse DE), à Paris.

MADIER DE MONTJAU (Mme Léonie), à Paris.

MAISON (Mme la comtesse), à Paris.

MARTIN (Mme Prosper).

NOÉ (Mme la marquise DE),à Paris.

POLI (Mme la comtesse DE), à Paris.

QUANTIN (Mme), à Paris.

RIVIÈRE (Melle Elisa), à Vincennes.

†ROSNY (Mme Elisa DE), aux Corluis du Perreux, par Nogent-sur-Marne (Seine).

ROSNY (Mme Jeanne DE), à Levallois (Seine).

ROYER (Mme Clémence), membre de la Société d'Anthropologie, à Paris.

SAFFRAY (Mme la marquise DE), à Paris.

SALMON (Mme Olympe), à Paris.

SARTIGES (Mme la comtesse DE), à Paris.

SILHOL (Mme Alfred), à Nîmes (Gard).

SMITH (Mme Jules), à Paris.

SOMBREUIL (Mme la comtesse DE), à Paris.

STŒCKLY (Melle Marie), dame novice à la Maison Nationale de la Légion d'Honneur, à Saint-Denis (Seine).

TEXTOR DE RAVISI (Mme la baronne), à Saint-Etienne (Loire).

VERDALLE (Melle Louise DE), à Marolles.

VERDALLE (Mme la marquise DE), à Marolles.

Malgré le retard que nous avons mis à la publication de cette liste, nous craignons un certain nombre d'omissions, quelques délégués du Congrès n'ayant pas encore arrêté définitivement leur compte au moment de la mise sous presse de la présente feuille.

Les erreurs et omissions seront corrigées par une liste additionnelle qui sera insérée dans le recueil des *Actes de la Société d'Ethnographie.*

ERRATA

Parmi les fautes typographiques qui ont échappé à la correction, nous indiquerons les suivantes, à la demande des auteurs.

TOME PREMIER.

Pages,	Lignes,	Au lieu de :	Lire :
85	17	*tan-ô,*	*tan-au.*
97	15	*ten-bô,*	*ten-pau.*
115	16	[illegible]	[illegible]
148	5	quoiqu'il,	quoiqu'elle.
—	9	cercles diffère.	cercles ne diffère.
173	27	à Yédo,	à Yézo.
184	7	*Rapport,*	*Rapports.*
207	31	*Sima-yosi An-kau,*	*Sima Rau-an.*
339	19	Betû,	Betù.
583	8	87,	86.
—	22	302,	312-316.
—	24	417,	415.
—	27	567.	567-68.

TOME SECOND.

Pages	Lignes	Au lieu de :	Lire :
74	2	1° n, NETSA, ENTA, ENTENIDH, etc.,	1° n : NETSA, ENTA, ENTENIDH, etc.
—	3	2° k, kem, ketch, kay, etc.,	2° k : KEM, KETCH, KAY, etc.
—	3	3° n+k, la combinaison de ces deux racines, NEK—(i),	3° n+k, la combinaison de ces deux racines : NEK—(i),
—	12	MEMtek,	MENtek.
76	11	*tamettouth tha-n tir si,*	*tamettuth tha-n tir'si.*
78	7	[illegible]	[illegible]
80	13	[illegible]	[illegible]

Pages,	Lignes,	Au lieu de :	Lire :
81	9	ⲁ, ⲓ,	A*, I*.
82	6	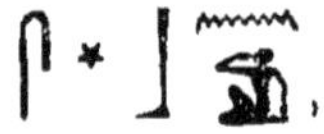,	
—	18	?	.
83	10	*r'oumm*,	*r'umm*.
—	11	*izigzou*,	*izigzu*.
—	18	« moutons, moutons »,	« mouton, mouton ».
83	35	*h*,	**H**.
93	14	*sed'hou*,	*sed'hu*.
96	9	*sasvennu*,	*sawennu*.
102	13	,	
104	2	à son tour,	d'autre part.
—	7	*ast*, ϫⲟ,	*ast*; Cf. encore ϫⲟ.
—	8	formé d'un pluriel,	dérivé d'un pluriel hiéroglyphique.
104	9	Ils comprennent,	Cette seconde catégorie comprend.
—	11-14	L'aspect en est profondément défiguré par des modifications vocaliques, etc.,	Cette remarque explique l'aspect de ces pluriels qui semblent, au premier abord, profondément défigurés par des modifications vocaliques, etc.
—	15	ϩⲁⲗⲁⲧ,	ϩⲁⲗⲏⲧ.
268	4	وفقنرى	وفقنى
—	13	حدام	خدام
—	14	جميح	جميع
—	15	التلاتة	الثلاثة
269	10	داوود	داودو

Pages.	Lignes.	Au lieu de :	Lire :
270	15	تذخل	تدخل
271	9	لدى	لذى
272	11	اللعارى	القارى
285	16	מכרשין	מקרשין

TABLE DES MATIÈRES

DU TOME TROISIÈME.

VINGT-ET-UNIÈME SÉANCE. — JEUDI 11 SEPTEMBRE, A 11 HEURES ET DEMIE DU MATIN.

(Clôture de la Session).

Présidence de M. LÉON DE ROSNY, président du Congrès.

SUPPLÉMENT.

ACTES DU COMITÉ D'ORGANISATION.

LISTE GÉNÉRALE DES MEMBRES DU CONGRÈS.

INDEX DES AUTEURS

(3e VOLUME.)

RÉPARTITION GÉOGRAPHIQUE DES AUTEURS.

TROISIÈME VOLUME.

France.

FIN DU TOME TROISIÈME ET DERNIER

DE LA PREMIÈRE SESSION.

PARIS. — IMPRIMERIE DE Mme Ve BOUCHARD-HUZARD, RUE DE L'ÉPERON ;
Jules TREMBLAY, gendre et successeur.

VINGT ET UNIÈME SÉANCE

JEUDI 11 SEPTEMBRE, A 11 HEURES 1/2 DU MATIN.

CLOTURE DE LA SESSION.

Présidence de M. LÉON DE ROSNY, président du Congrès.

La séance est ouverte à onze heures et demie du matin, sous la présidence de M. Léon de Rosny, président du Congrès, assisté de MM. l'amiral Roze, Adrien de Longpérier, de l'Institut, Madier de Montjau et le capitaine Le Vallois, secrétaire de la Session.

Le Président rappelle à l'Assemblée qu'avant de se séparer, elle doit conformément à ses Statuts définitifs accomplir plusieurs actes importants pour la durée de l'œuvre du Congrès international des Orientalistes.

En vertu de l'article 2 de ces Statuts, l'Assemblée a d'abord à désigner le pays où se tiendra la seconde Session et à élire ensuite le Président de cette Session. Le moment est venu où le Congrès est appelé à se prononcer à cet égard.

Le Conseil a proposé en première ligne, pour siége du prochain Congrès, l'Angleterre, et en seconde ligne l'Italie et la Suisse. Le vote de l'Assemblée donne le résultat suivant :

Angleterre.	84 voix.
Italie.	83 —
Suisse.	7 —

L'Assemblée ayant décidé que le vote aurait lieu à la majorité relative, l'*Angleterre* est désignée pour la contrée où se tiendra la seconde Session du Congrès international des Orientalistes.

Il est ensuite procédé à l'élection du président de cette Session. Est élu, à l'unanimité, le Dr SAMUEL **BIRCH**, du British Museum, à Londres.

Conformément à l'article 13 des Statuts, la publication des *Mémoires* de la Session de 1873 est confiée au Président, assisté de la Commission administrative.

Le Président annonce ensuite que le bureau a reçu de divers Comités étrangers notification de l'élection des délégués suivants au Comité de Permanence, conformément à l'article 18 des Statuts :

Algérie : M. LÉON CAHUN;
Alsace-Lorraine : M. LEBLOIS fils;
Angleterre : M. ÉD. MADIER DE MONTJAU;
Belgique : M. CHAVÉE;
Corse et *Italie* : M. ÉMILE BURNOUF;
Égypte : M. FRÉDÉRIC BARROT;
États-Unis : M. CHARLES RUDY;
Grèce : M. PANAIOT ARGHYRIADÈS;
Hollande : M. l'abbé BEYAERT;
Inde française : M. le baron TEXTOR DE RAVISI;
Japon : M. IMAMURA WARAU;
Luxembourg : M. ÉD. MADIER DE MONTJAU,
Perse : M. NAZAR AGA;
Pologne : M. DUCHINSKI (de Kiew);
Portugal : M. CHARLES LUCAS;

Roumanie : M. VICTOR DUMAS.
Russie : M. DE ZÉLINSKI ;
Salvador : M. TORRES CAÏCEDO ;
Suisse : M. BÉCHAUX.

Il demande au Congrès d'autoriser les Comités étrangers n'ayant point encore de délégués près le Comité de Permanence, à désigner ultérieurement ces délégués[1], qui seront admis sur la présentation de leurs pouvoirs.

MM. DUCHINSKI propose qu'un témoignage de reconnaissance soit voté aux principaux organisateurs du Congrès. Cette motion est adoptée, et M. Duchinski est chargé de former un Comité pour donner suite à sa proposition.

Sur le rapport de M. le Dr LESBINI (Grèce), les comptes du Trésorier sont approuvés. Ils seront publiés une fois que toutes les dépenses de la Session, notamment celles pour l'impression des *Mémoires*, auront été réglées. Les comptes publiés devront être préalablement approuvés par le Comité de Permanence.

L'Assemblée, consultée sur la mission du Comité de Permanence, décide que, tout en limitant la durée de ce Comité à l'ouverture de la Session suivante, le Président pourra, sur l'avis conforme de la Commission administrative, proroger les pouvoirs de ce Comité international tant que les intérêts de la publication entreprise par le Congrès ou ceux de la continuation de l'œuvre pourront le rendre utile.

M. **Charles ROCHET** demande que le Congrès exprime le vœu que, dans la Session prochaine, une séance spéciale soit consacrée aux études ethnographiques, sans distinction de pays ; M. **GESLIN** demande qu'un vœu analogue soit exprimé en faveur des études archéologiques et

[1] Ces délégués ont été réunis dans la liste ci-dessus.

artistiques. Ce vœu est appuyé par l'Assemblée ; il sera communiqué au Président de la Session de Londres.

M. l'amiral **ROZE** : Appelé par la bienveillance de votre bureau à présider votre première séance, j'ai eu l'honneur en ouvrant la série féconde des travaux si variés de ce Congrès, de souhaiter la bienvenue à tous les savants qui nous ont apporté leur concours. Je laisse à la critique scientifique le soin de rendre justice aux travaux qui vont être soumis au public par l'impression de vos Mémoires. Je veux seulement exprimer, avant que nous nous séparions, mon ferme espoir que notre Congrès deviendra une institution scientifique internationale, permanente et durable. Et dans cette pensée je vous dis, Messieurs, non pas adieu, mais au revoir.

Personne ne demandant plus la parole pour des observations à faire dans l'intérêt des études orientales en général, et dans celui du Congrès en particulier, le Président déclare la clôture des travaux de la Session de 1873.

La séance est levée à midi trois quarts.

APPENDICES

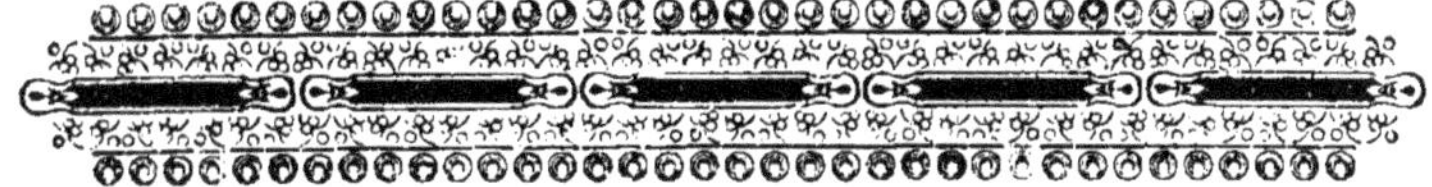

STATUTS DÉFINITIFS

ADOPTÉS PAR L'ASSEMBLÉE INTERNATIONALE.

Le Congrès international des Orientalistes, réuni à Paris, pour la première fois, en septembre 1873, a décidé, en principe, que ses sessions se renouvelleraient, chaque année, dans les conditions et sous l'empire des Statuts suivants :

Article 1er.

Le Congrès ne pourra se réunir deux fois de suite dans le même pays.

Art. 2.

Les sessions devront se succéder d'année en année, et l'époque d'ouverture de chaque session nouvelle devra être notifiée à tous les présidents des Congrès antérieurs, le plus tôt possible, avant le 31 décembre de chaque année, par les soins du Comité central d'organisation de la session prochaine.

Faute de cette notification, le Comité central d'organisation du précédent Congrès devra fixer, lui-même, un autre pays pour la réunion prochaine.

Art. 3.

A la fin de chaque session, le Congrès désigne le lieu où devra se tenir la session suivante. Il choisit, en outre, dans le pays désigné, le président de cette session, et, s'il y a lieu, plusieurs savants de la nationalité du président pour le seconder dans son œuvre. Le président élu constituera le Comité central d'organisation de la nouvelle session.

ART. 4.

Feront partie du Congrès et auront droit à toutes ses publications les personnes qui en feront la demande, en temps utile, et acquitteront la cotisation annuelle.

Le montant de cette cotisation sera fixé, chaque année, par le Comité central d'organisation de la nouvelle session.

ART. 5.

Le Comité central d'organisation arrête et exécute toutes les mesures nécessaires pour assurer l'installation et le fonctionnement du Congrès : expédition des lettres de convocation ; centralisation des adhésions ; délivrance des cartes, diplômes, médailles de membres ; rédaction et publication du programme des séances ; etc.

ART. 6.

Le bureau du Comité central d'organisation remplit les fonctions de bureau provisoire dans la première séance de la session.

Les membres du bureau définitif sont élus, dans cette première séance, à la majorité relative, à l'exception du président, qui est nommé depuis l'année précédente (ART. 3), et du trésorier, qui est, de droit, celui qui a été nommé par le Comité central d'organisation et dont les fonctions se continuent jusqu'à la session suivante.

ART. 7.

L'assemblée élit les membres du Conseil dont le nombre est déterminé par le Comité central d'organisation, d'après le nombre et la nationalité des membres souscripteurs du nouveau Congrès.

ART. 8.

Le Conseil statue définitivement sur toutes les demandes de communications qui n'auraient pas été adressées avant l'ouverture et sur toutes les questions incidentes qui pourraient s'élever à l'occasion de l'objet et de l'ordre des travaux. Il propose, en outre, le lieu de réunion de la session suivante.

ART. 9.

Chaque session sera spécialement consacrée à l'une des branches de l'Orientalisme. Toutefois une séance, ou une partie d'une séance au moins, sera réservée pour chacune des autres branches des études orientales.

ART. 10.

L'assemblée ou le Comité central d'organisation de la session projetée élit, dans les divers pays représentés au Congrès, des délégués chargés de recueillir des adhésions en faveur de la session suivante.

ART. 11.

Le Congrès nomme une commission chargée d'examiner les comptes du trésorier arrêtés la veille de l'ouverture des séances. Ces comptes sont rouverts à l'ouverture des travaux et continués jusqu'à la session suivante.

ART. 12.

Une fois toutes les dépenses acquittées, le reliquat est porté à l'actif de la nouvelle session et versé entre les mains de son trésorier le jour de l'ouverture des travaux de cette session.

ART. 13.

La publication des travaux du Congrès est confiée à une Commission choisie parmi les membres appartenant au pays où a eu lieu le Congrès.

ART. 14.

Les livres, manuscrits ou autres objets offerts au Congrès sont acquis au pays où la session a eu lieu; leur destination définitive est déterminée par le Comité central d'organisation de la session.

ART. 15.

Le président de chaque Congrès fera, de droit, partie de tous les Congrès suivants. Seront également membres de droit desdits Congrès, en considération de leur coopération active à la création de l'œuvre internationale, les deux membres[1] du Comité d'organisation dont se composait, avec le président, la Commission administrative ou de direction du premier Congrès tenu à Paris.

ART. 16.

Les communications orales aux Congrès futurs ne pourront être faites que dans deux langues : la langue française et celle du pays où se tient le Congrès.

ART. 17.

Le Comité central d'organisation de chaque Congrès préparera, s'il le juge à propos, un Règlement particulier relatif à ses travaux et à son administration. Ce règlement ne devra pas être contraire à l'esprit des présents Statuts.

ART. 18.

A l'expiration de chaque session, il sera formé un Comité de permanence composé du Comité central d'organisation de la session et de Délégués nommés par les membres de chaque nationalité représentée au Congrès et résidant au lieu où a été tenue la session. Ce Comité restera en fonction jusqu'à l'ouverture du Congrès suivant.

Il aura pour mission de seconder le prochain Congrès et de trancher toutes les questions qui pourraient surgir relativement à l'impression des Mémoires et à la comptabilité de la session close.

ART. 19.

Toute demande en modification des Statuts devra être signée par un nombre de membres égal au moins à la moitié du nombre des nationalités différentes représentées effectivement au Congrès.

ART. 20.

Si ce projet de modification est pris en considération par la majorité absolue des membres du Congrès, une Commission sera chargée

---

[1] MM. ED. MADIER DE MONTJAU et le capitaine LE VALLOIS.

de présenter, à ce sujet, des conclusions. A la session suivante, ces conclusions seront adoptées ou rejetées au scrutin secret par *oui* ou par *non* et sans discussion.

Certifié conforme :

Le Secrétaire-général, J. Le Vallois.

PERSONNEL

ET

DOCUMENTS STATISTIQUES

A. — PERSONNEL.

I. — RÉCOMPENSES.

A l'occasion de la première Session du Congrès international des Orientalistes, et sur la proposition de son Président, les récompenses suivantes ont été décernées :

Par le Gouvernement français.

Décoration d'Officier de l'Instruction Publique.

A M. le Dr SAMUEL BIRCH, président de la 2e Session du Congrès (Londres), et délégué de la Session inaugurale (Paris).

Par le Congrès de 1873.

Lettre de gratitude.

A MM Henri Cernuschi, membre de la Commission de l'Exposition du Congrès;

Alexandre Chodzko, membre du Comité d'Organisation;

Le baron de Cosson, délégué général extraordinaire du Comité Central français, en mission à Londres;

Ch. Cousin, inspecteur principal du Chemin de fer du Nord.

Geslin, membre du Comité Central d'Organisation;

Imamura Warau, commissaire-général pour le Japon;

Mourier, vice-recteur de l'Académie de Paris, membre du Comité de Patronage;

Le professeur J. Oppert, membre du Comité d'Organisation;

L'amiral Roze, membre du Comité de Patronage;

Diplôme d'honneur.

A MM. De Longpérier, de l'Institut, membre du Comité central d'Organisation;

Henri de Longpérier, membre de la Commission d'Organisation de l'Exposition du Congrès;

Le professeur Houdas, délégué général pour l'Algérie;

Dr S. Birch, délégué général pour l'Angleterre;

Le professeur Douglas, secrétaire de la Délégation Britannique;

Vasquez-Queipo, délégué général pour l'Espagne;

Dr Leemans, délégué général pour la Hollande;

Imamura Warau, commissaire-général pour le Japon;

Le professeur Blaise, délégué général pour le Luxembourg;

Le chevalier da Silva, délégué général pour le Portugal;

Le professeur Lepsius, délégué général pour l'Allemagne;

Le professeur Steinthal, délégué pour la Prusse;

Dr B. Al. Urechia, délégué général pour la Roumanie.

Nazar-Aga, ministre plénipotentiaire de S. M. I. le Chah de Perse, à Paris.

Frédéric Barrot, commissaire-général pour l'Égypte;

A MM. MONTAGNON, typographe, metteur en pages des *Mémoires du Congrès* de 1873;

VINCENT, directeur à la Société Générale, à Paris;

Le professeur Antelmo SEVERINI, délégué général pour l'Italie;

A Mmes Léonie MADIER DE MONTJAU, services rendus pendant la période d'organisation;

Élisa DE ROSNY, services rendus pendant la période d'organisation.

Médaille pour services rendus.

A MM. TEXTOR DE RAVISI, commissaire pour l'Inde française;

MONTAGNON (Émile), typographe, compositeur pour les langues orientales.

CERNUSCHI (Henri), organisateur de l'Exposition du Congrès;

Le chevalier DA SILVA, délégué général pour le Portugal.

Par la Société d'Ethnographie de Paris.

Diplôme de Membre correspondant.

A MM. Le professeur BLAISE, délégué général pour le Luxembourg;

Le professeur SEVERINI, délégué général pour l'Italie;

W. D. WHITNEY, délégué général pour les États-Unis;

Aug. PFIZMAIER, délégué pour l'Autriche;

Le Dr Samuel BIRCH, délégué général pour l'Angleterre;

Le professeur MAX MULLER, à Oxford;

Le professeur Richard LEPSIUS, délégué général pour l'Allemagne;

Le Dr B. Al. URECHIA, délégué général pour la Roumanie.

PATKANOF (le Dr K.), membre du Conseil pour la Russie.

Par la Société Américaine de France.

Diplôme de Membre correspondant.

A M. Ch. SCHOEBEL, membre du Comité Central d'Organisation;

Le Dr LEEMANS, délégué pour la Hollande.

Par l'Athénée Oriental.

Diplôme de Membre correspondant.

A MM. Dr Urechia, délégué général pour la Roumanie.

Par la Société des Études Japonaises.

Diplôme de Membre d'honneur.

A MM. Mourier, vice-recteur de l'Académie de Paris, membre du Comité de Patronage;
L'amiral Roze, membre du Comité de Patronage.

Par la Société royale des Antiquaires de Portugal.

Diplôme de Membre correspondant.

A MM. le baron de Cosson, délégué général extraordinaire du Comité central français, en mission à Londres ;
Maspero, membre du Comité d'organisation ;
Adrien de Longpérier, membre du Comité d'organisation ;
Ch. Schœbel, membre du Comité d'organisation.

Par l'Académie royale de l'Histoire, d'Espagne.

Diplôme de membre honoraire.

A M. Oppert, Membre du Comité d'organisation ;

Par la Société académique de Saint-Etienne.

Nomination de membres correspondants.

A MM. Severini, délégué général pour l'Italie ;
le Dr Leemans, délégué général pour la Hollande ;
le chevalier Da Silva, délégué général pour le Portugal ;
François Lenormant, membre du Comité d'organisation ;
Vasquez Queipo, délégué général pour l'Espagne.

2. — OUVRAGES OFFERTS.

(1873-76.)

Conformément à la décision du Congrès en date du 9 septembre 1873, les ouvrages suivants, qui lui avaient été offerts, ont été distribués à diverses Sociétés savantes ou à des Bibliothèques publiques de la province :

Offert par l'auteur : Recherches pour servir à l'Histoire de la XIXe dynastie, et spécialement à celle des temps de l'Exode, par F. Chabas. *Chalon-sur-Sâone*, 1873. — In-4°.

Par l'éditeur : *Rgya-tcher-rol-pa* ou le Développement des Jeux, contenant l'histoire du Bouddha Sakhya-Mouni, publiée en tibétain, par Ph.-Ed. Foucaux. *Paris*, Imp. Nat., 1847. — In-4°.

— Lettres à M. Léon de Rosny, sur l'Archipel Japonais et la Tartarie Orientale, par le P. L. Furet. *Paris*, 1860. — In-12.

— Les Deux jeunes filles lettrées. Roman chinois, traduit par Stanislas Julien. *Paris*, 1860. — Deux vol. in-12.

— La Visite de l'Esprit du Foyer à Yu-Kong. Traduit du chinois, par Stanislas Julien. *Paris*, 1854. — In-8°.

Par l'auteur : Catalogo illustrato dei Monumenti Egizii del R. Museo di Torino, compilato dal prof. P.-C. Orcurti. *Torino*, 1852. — In-8°.

Par l'auteur : Mémoire sur les Rapports de l'Egypte et de l'Assyrie dans l'antiquité, éclaircis par l'étude des textes cunéiformes, par Oppert. *Paris*, 1859. — In-4°

Par l'auteur : Description des Monastères Arméniens d'Haghbat et de Sanahin, par l'archimandrite Jean de Crimée ; avec notes et appendices, par Brosset. *Saint-Pétersbourg*, 1863. — In-4°

Par l'auteur : Recherches sur la Religion première de la race Indo-Iranienne, par C. Schœbel. *Paris*, 1872. — In-8°.

Par l'auteur : Le Congrès des Orientalistes. Ce qu'il est, rôle important, but pratique, par CH. LE MANSOIS DU PREY. *Saint-Étienne*, 1875. — In-8.

Par l'auteur : Variétés Orientales, historiques, géographiques, scientifiques, bibliographiques et littéraires, par LÉON DE ROSNY. 2ᵉ édition. *Paris*, 1869. — In-8, planches.

— Traité de l'éducation des Vers à soie au Japon. Traduit du japonais, par LÉON DE ROSNY, 2ᵉ édition, *Paris*, 1869. — In-8, planches.

— Guida della Conversazione giapponese, per LEONE DE ROSNY ridotta ad uso degli Italiani, da Antelmo Severini. *Firenze*, 1866. — In-8.

— A Grammar of the Chinese Language, by professor LEON DE ROSNY. *London*, 1874. — In-8.

— De la Méthode Ethnographique. — Leçon faite au Collége de France, par LÉON DE ROSNY. *Paris*, 1872. — In-8.

— De l'Origine du Langage, par LÉON DE ROSNY. *Paris*, 1869. — In-8.

— L'Opuntia ou Cactus-Raquette d'Algérie, par LÉON DE ROSNY. *Paris*, 1856. — In-8.

— Archives paléographiques de l'Orient et de l'Amérique, publiées, avec des notices historiques et philologiques, par LÉON DE ROSNY. Recueil trimestriel destiné à publier la collection des alphabets de toutes les langues connues, des inscriptions, des médailles, etc., avec des fac-similés de manuscrits orientaux imprimés en noir et en couleur. T. Iᵉʳ et Atlas. *Paris*, 1870. — In-8.

— Vocabulaire chinois-coréen-aïno, expliqué en français et précédé d'une Introduction sur les écritures de la Chine, de Corée et de Yézo, par LÉON DE ROSNY. *Paris*, 1861. — In-8; planche lihogr.

— Rapport annuel fait à la Société d'Ethnographie sur ses travaux et sur les progrès des sciences ethnographiques, par LÉON DE ROSNY. *Paris*, 1864. — In-8.

Par l'auteur : The Casket of Gems, translated from the chinese, by SAMUEL BIRCH. *London*. 1872. — In-12.

— Sul Commercio e la navigazione nel Giappone, durante gli anni 1867-68-69-70, da cav. ROBECCHI. *Roma*, 1873. — In-4.

Par l'auteur : Limo lo Pahalaa, notice historique et ethnographique sur les districts de Hotlontalo, de Limoeto, de Boalemo et de Kattinggola, avec leurs environs, par MOÏSE SCHWAB. — S. l. n. d. — In-8.

Par la Société d'Ethnographie : Mémoire sur l'ethnographie de la Tunisie, par MOÏSE SCHWAB. *Paris*, 1868. — In-8.

— Les Tribus arabes de l'Irac-Arabi, par CH. TEXIER. *Paris*, s. d. — In-8.

Par l'Athénée Oriental : Bulletin de l'Athénée Oriental. *Paris*, 1868-73. — 3 vol. in-8.

Par l'auteur : Sur l'Origine de l'écriture Japonaise et Sumérienne, par JULIEN DUCHATEAU. *Paris*, 1873.

Par l'auteur : *Nihon-no Koto-wasa*, dictons et proverbes japonais, traduits en français, par FR. SARAZIN. *Paris*, 1873. — In-8.

Par le baron de Ravisi : Recueil de Chants tamouls, par Z. SAVARAYALOUNAIKER, poëte, précédé de divers extraits, certificats, notes, etc., en français, et de morceaux de poésie ou vers Tamouls, composés par divers poëtes, le tout concernant Z. Savarayalounaiker, par SOLÉ APPASSAMYMOUDELIAR. *Pondichéry*, 1869. — In-8, pl. (en tamoul).

Par M. de Zélinski : Mémoires de l'Athénée Oriental, t. I. — In-4, pl. et grav.

— Dialogues japonais, par LÉON DE ROSNY; traduit du français en polonais, par LOUIS DE ZÉLINSKI. *Paris*, 1874. — In-8.

Par le traducteur : La Mythologie des Japonais, d'après le *Koku-si-ryaku*. Traduit pour la première fois du japonais, par ÉMILE BURNOUF. *Paris*, 1875. — In-8.

— Le *Chan-haï-king*, Livre des Montagnes et des Mers. Livre II : Montagnes de l'Ouest. Traduit pour la première fois du chinois, par ÉMILE BURNOUF. *Paris*, 1875. — In-8.

Par l'auteur : Extérieur comparé des Chinois et des Japonais, par ED. MADIER DE MONTJAU. *Paris*, 1874. — In-8.

Par la Société Orientale de Portugal : Associaçao promotora dos Estudos Orientaes e Glotticos. Exposiçao feita perante os membros da Commissao Nacional Portugueza do Congresso Internacional dos Orientalistas, convocados para constituirem uma Associaçao promotora dos Estudos Orientaes e Glotticos em Portugal, par G. DE VASCONCELLOS-ABREU. Lisboa, 1874. — In-8.

Par l'auteur : Le premier Congrès international des Orientalistes. Discussion sur les Tourans en général et sur les Turcs-Ottomans en particulier, par L..... *Paris*, 1873. — In-8.

Par l'auteur : Le premier Congrès international des Orientalistes, par le baron Textor de Ravisi. *Nantes*, 1873. — In-8, avec portrait.

Par les éditeurs : *Nihon no koto-wasa*. Journal japonais. — In-8 oblong.

3. — NÉCROLOGIE.

EICHHOFF.

Frédéric-Gustave Eichhoff, né au Hâvre le 17 août 1799, est une des pertes les plus sensibles que nous ayons à enregistrer dans la vaste liste des membres de la première session du Congrès international des Orientalistes. Bien qu'on ait pu reprocher à l'homme excellent auquel nous consacrons ces courtes lignes de ne s'être pas tenu suffisamment au courant des progrès de l'indianisme et de la philologie comparée, durant la dernière période de son existence, on ne peut oublier le succès d'estime qui accueillit dans toute l'Europe savante ses premiers travaux de linguistique indo-européenne. « Je suis complétement de votre avis, m'écrivait « dernièrement mon illustre ami, M. le professeur Max « Müller, quand vous dites que son *Parallèle des langues de « l'Europe et de l'Inde* a été, si l'on tient compte de l'époque « où il fut écrit, une œuvre de haute valeur (a highly creditable « performance). Il a été certainement éclipsé bientôt par des « ouvrages basés sur des recherches plus profondes; mais je « sais qu'en Allemagne aussi ce Parallèle a produit un grand « effet, et attiré l'attention des savants adonnés aux études « classiques qui, avant son apparition, avaient traité toute « idée de parenté des langues classiques et du sanscrit « avec un mépris non dissimulé. Il est désolant qu'Eichhoff « n'ait pas poursuivi ses études de philologie comparée, car il « possédait incontestablement l'art de la composition, en exposant son sujet avec clarté devant le lecteur. Je n'ai « pas eu souvent l'occasion de le voir à Paris, mais lorsque

« je l'ai rencontré, j'ai pris le plus vif interêt à sa conversa« tion sur toutes les questions relatives à la science du lan« gage et à la poésie sanscrite. Il savait bien ce qu'il avait « lu en sanscrit, et je ne serais pas étonné que, parmi les ma« nuscrits qu'il a pu laisser après lui, on trouvât quelques « traductions du sanscrit qu'il serait utile de publier ».

Après cette appréciation de l'éminent traducteur du *Rig-Véda*, appréciation bien digne de remplacer la notice qu'il se fût fait un plaisir d'écrire sur Eichhoff, si certains détails biographiques ne lui eussent manqué au moment où sa riche bibliothèque quittait l'Angleterre, je n'ajouterai que peu de mots.

Eichhoff, comme orientaliste, appartenait à l'école de Langlois, école qui voulait nous faire apprécier la valeur de la littérature indienne en dédaignant les chaînes de l'interprétation servile. Si cette école est loin de satisfaire l'érudition au point de vue de l'exactitude de ses procédés, elle a du moins l'incontestable mérite de nous montrer sous un jour charmant, sans cesser d'être vrai, les principaux ouvrages d'une littérature qui semble, au contraire, insupportable dans les spécimens que nous donnent les traducteurs les plus scrupuleux. *La Descente de Yudhisthira aux Enfers*, traduite du sanscrit et publiée par Eichhoff dans la *Revue Orientale et Américaine*, est un morceau qui ne le cède guère en mérite aux plus beaux ouvrages d'Homère et de Virgile. En rendant en français cet admirable fragment de la grande épopée de l'Inde brahmanique, Eichhoff n'a pas été seulement un orientaliste habile, il a été encore et surtout un grand écrivain français.

Qu'il me soit permis d'ajouter, en terminant, que Eichhoff fut un des membres fondateurs de la Société d'Ethnographie et l'un de ses Présidents. Il s'attacha souvent, aux séances de cette Société, à démontrer l'existence d'une idée monothéiste à l'origine de toutes les civilisations. Si les nombreuses communications qu'il fit sur ce problème qu'il affectionnait tout particulièrement, n'étaient pas toujours fondées sur les bases d'une érudition sans conteste, du moins l'art avec lequel elles étaient présentées, l'éloquence ardente, parfois enthousiaste qu'il mettait en œuvre pour les défendre, lui assuraient toujours un auditoire assidu et sympathique.

Déjà sur le bord de la tombe, alors que sa santé profondément altérée ne faisait que trop prévoir à ses amis la fin de son honorable existence, le jour où il vint présider la dix-huitième séance de notre Congrès, sa voix éteinte, qui trahissait les mouvements toujours chaleureux de son cœur, acquérait au moment où on s'y attendait le moins ces accents virils et convaincus qui accompagnent toujours l'expression des grands concepts de l'intelligence.

La mémoire d'Eichhoff restera profondément vénérée de tous ceux qui l'ont connu, parce qu'il eut un esprit aimable et bienveillant, une érudition profonde et variée, le sentiment intransigeant du devoir, le mépris des bassesses, la haine des abus, et le culte de la reconnaissance.

LÉON DE ROSNY.

STANISLAS JULIEN.

Es gibt Geister, welche ihr Licht über eine weite Fläche verbreiten; es gibt andre, welche ihr Licht auf einem engen Raum verdichten. Die Wissenschaft bedarf beider. Denn es gibt eine Unendlichkeit der Ausdehnung und eine Unendlichkeit der Theilung; und der Mensch sucht das unendlich Grosse wie das unendlich Kleine zu erfassen.

Julien gehörte zu denen welche in der Beschränkung glänzen. Es mag ein Zufall gewesen sein, der ihn zum Studium des Chinesischen führte : dann hat ihn der Zufall zu demjenigen Object geführt, das seines Geistes harrte. Er hätte ihn anders führen können : immer hätte Julien tüchtiges geleistet, wie er ja in der Jugend ein griechisches Gedicht übersetzt hat; aber alle die ihn kannten werden sich sagen, dass er nur im Chinesischen ein Schöpfer werden konnte.

Es ist gewiss nicht wenig, wenn man von ihm rühmen kann, dass er der erste Europäer war, der ohne Hülfe eines Eingeborenen auch die schwierigsten chinesischen Texte auszulegen verstand, und sie eben so gut verstand wie das gelehrteste Mitglied der Akademie von Peking. Das ist aber nicht alles, was man von ihm sagen muss; es ist mehr. Sobald ein chinesischer Text etwas schwierig wird, überschleicht uns wohl ein Gefühl, dass eine gegebene Uebersetzung, welche ganz gut scheint, doch vielleicht unrichtig sein könnte. Wenn aber Julien eine Stelle übersetzte, so hatte man das Gefühl der Gewissheit, dass nur diese Uebersetzung und keine andre die richtige sein könne.

Wir können es nicht billigen, wenn er sagte, die klassischen Sprachen seien Sprachen des Gedächtnisses, die chinesische Sprache sei eine Sprache des Nachdenkens; aber wir begreifen, welche Berechtigung dieser Ausspruch hat, und wahr ist, dass sich Julien in die Form oder Gangart des chinesischen Denkens und Sprechens vollkommen zu versetzen wusste, und dass nur in solcher Weise ein Verständniss des Chinesischen möglich ist.

Die strenge Befolgung der Gesetze der Wortstellung galt ihm als wissenschaftliche Gewissens-Sache des Sinologen. Diese Gesetze sind aber nicht von ihm gefunden; jeder Sinologe kannte sie. Juliens Verdienst um die Grammatik lag in der Erkennung der Bedeutung der Partikeln. Aber niemand hatte die Stellungs-Gesetze so genau verfolgt wie er. Nur scheint mir dass diese Gesetze den Sinn der chinesischen Texte nicht finden lehren, aber wenn man ihn gefunden hat, die Richtigkeit der Uebersetzung beweisen. Sie sind nicht von heuristischem, aber wohl von demonstrativem Werthe. Nachdem sich Julien dem chinesischen Denker congenial gemacht hatte, konnte er dessen Gedanken finden; und indem er nachwies, dass bei seiner Uebersetzung die Gesetze der

Wortstellung streng beachtet sind, konnte er deren Richtigkeit beweisen.

Für immer gilt : Juliens Werke sind der Weg zum Chinesischen. Die Orientalisten aller Völker werden seinen Namen stets mit höchster Achtung und Dankbarkeit nennen.

H. STEINTHAL.

GUÉRIN-MÉNEVILLE.

Félix-Édouard Guérin-Méneville, mort à Paris le 26 janvier 1874, était né à Toulon le 12 octobre 1799.

M. Guérin-Méneville avait consacré tous les instants de sa vie à l'agriculture française. Entomologiste distingué, il s'était dévoué spécialement, depuis plus de quarante années, à la grave question de la sériculture. Et on peut dire que nul n'a plus contribué que lui au progrès de nos magnaneries. Son nom faisait autorité dans tous les pays dont la richesse s'augmente des produits du *Bombyx Mori*. La liste de ses écrits sur le précieux insecte est trop longue pour trouver place ici.

C'est M. Guérin-Méneville qui a familiarisé l'Europe avec toutes les questions d'acclimatation des vers à soie sauvages, de l'ailante, du chêne, du ricin et de bien d'autres espèces. Si le *Bombyx* de l'ailante commence déjà à devenir pour notre pays une ressource nouvelle, nous le devons à cet infatigable vulgarisateur.

Nos agriculteurs du Midi n'oublieront pas ses modestes et pratiques recherches sur cette maladie des vers à soie qui a ébranlé la prospérité de nos départements méridionaux. M. Guérin-Méneville ne poursuivait ni le lucre ni la gloire des récompenses nationales. Il se tenait content quand il croyait avoir servi utilement nos cultivateurs et la richesse publique.

M. Guérin-Méneville était un esprit large, une nature

élevée, qui sympathisait avec tous les chercheurs, avec toutes les études. Il s'unissait de cœur aux Orientalistes, parce qu'il comprenait que l'Orient est une mine mal ouverte encore, qu'il faut exploiter cette mine, et qu'on ne lui arrachera pas ses secrets, tant que le nombre des fouilleurs ne se sera pas accru, tant que leurs efforts ne seront pas soutenus par un public plus attentif et plus intelligent.

ÉD. MADIER DE MONTJAU.

BRUNET DE PRESLE.

Ce n'est pas sans une vive émotion que je prends la plume pour tracer en quelques mots la notice nécrologique du meilleur des amis et du plus modeste, du plus consciencieux des savants que j'aie rencontré dans la vie.

Pour pouvoir apprécier dignement ce que valait M. Brunet de Presle, il faut l'avoir vu dans l'intimité, avoir pu admirer la bonté de son cœur, la sûreté de son esprit, la pénétration de son intelligence et la délicatesse extrême de son goût. C'était surtout dans un milieu ami que cette figure si attractive rayonnait doucement; car une sorte de timidité instinctive l'éloignait de tout ce qui pouvait attirer autour de lui un renom qu'il ne cherchait point. Mais il était certainement (et je le dis avec une profonde reconnaissance), le plus dévoué des maîtres et le plus habile des initiateurs, pour quiconque voulait entrer dans la carrière souvent si ardue de l'érudition. Il serait donc bien difficile de séparer complétement l'écrivain du professeur de l'Ecole des langues orientales, si zélé pour ses élèves, et surtout du savant aimable qui collaborait avec tous, se mettait à la disposition de tous et s'oubliait toujours.

Cependant tous les ouvrages qu'il a publiés ont été faits de main de maître. Je me bornerai à citer parmi un grand nombre :

les *Recherches sur les Etablissements des Grecs en Sicile*, monographie remarquable qui fut couronnée par l'Académie des inscriptions en 1842, et qu'on pourra toujours présenter comme un modèle du genre; l'*Examen critique de la succession des dynasties égyptiennes d'après les notes historiques et les monuments nationaux,* livre auquel l'Académie n'accorda, en 1846, qu'une mention honorable, mais qui était bien supérieur à ceux de ses concurrents, et généralement des égyptologues qui sont venus après lui, par la prudence des déductions, la sûreté des vues, le sens critique, l'érudition vraie, toutes qualités rares à présent. Quant aux *Papyrus grecs du Louvre*, ils constituent une œuvre tellement importante et tellement magistrale qu'il serait vain d'en tracer ici l'éloge. Notons que ce fut pendant le cours de cette publication, alors que M. Brunet de Presle venait d'en faire quelques extraits dans son *Mémoire sur le Sérapeum de Memphis*, que l'illustre helléniste fut élu membre de l'Institut (1852). Douze ans après, il devenait professeur de grec à l'Ecole des langues orientales, en remplacement de M. Hase (1864). Mais bientôt un coup terrible vint jeter le trouble dans cette belle existence. En 1866, M. Brunet de Presle, qui avait perdu jeune une femme adorée, l'inspiratrice, la collaboratrice, la dévouée copiste de tous ses grands travaux, vit encore son fils unique mourir à la fleur de l'âge, au moment où il venait de terminer avec honneur ses études classiques. A partir de cette époque, cet homme si sensible et si aimant perdit goût à la vie. Il accomplit encore, avec une scrupuleuse exactitude, tous ses devoirs. Mais un ver rongeur lui dévorait le cœur. Puis vinrent les grands malheurs de la patrie, la guerre, l'invasion, le siége. Séparé de ses filles, qui habitaient alors la province, M. Brunet de Presle dut endurer en silence toutes les tortures morales du père et du citoyen. Il réagit, il est vrai, vivement, et, prenant le fusil malgré son âge, il prodigua partout son dévouement, peut-être au delà de ses forces. Mais après la guerre, après la Commune, de nouvelles souffrances vinrent l'assaillir. La maladie sembla un instant s'acharner sur les êtres chéris qui lui restaient, et, au milieu de ces nouvelles luttes, son courage défaillit. Bientôt son tempéramment nerveux et sensible à l'excès s'exaspéra, et, après plusieurs mois de crises successives, le 10 septembre 1875, cet excellent ami s'éteignit, comme s'éteint une lampe dont l'huile vient à manquer, un cœur consumé par des émotions trop longtemps soutenues.

M. Brunet de Presle avait alors 65 ans.

E. REVILLOUT.

HANS CONON VON DER GABELENTZ.

Unter den Linguisten Deutschlands, welche in den letzten Jahrzehnten ihre weitgehenden Forschungen über die aussereuropæischen Continente ausgedehnt haben, nimmt v. d. Gabelentz unstreitig eine der ersten Stellen ein. Geboren am 13 Okt. 1807 zu Altenburg, studirte er die Rechtswissenschaften und orientalischen Sprachen in Leipzig und Bonn. Die ersteren brachten ihn bis zum geheimen Regierungsrath, 1843, Landmarschall in Grossherzogthum Weimar, 1847-49, und Minister-præsidenten in Altenbourg, 1848-49. Es waren aber die orientalischen Studien, welche seinen Namen in viel weiteren Kreisen bekannt machten.

Eine Zeitlang beschäftigte er sich mit altgermanischen Idiomen und Sprachdenkmalen. Zusammen mit J. Lœbe gab er eine neue kritische Ausgabe der gothischen Bibelübersetzung von Vulfilas mit Uebersetzung und Glossar heraus (Leipzig, 1843-46, 2 Bde). Sein umfassender Blick suchte jedoch die Gesetze des sprachlichen Bewusstseins auf entlegneren Gebieten aufzuhellen, und so veröffentlichte er eine Reihe grammatischer Darstellungen finnisch-altaïscher Idiome, wie die über das Ersa-Mordwinische (1839), Syrjænische (1841),

Tscheremissische (1842), Samojedische (1851), sowie über das Mandschu (1833), und die mandschuische Uebersetzung des Sse-schu, Schu-king, Schi-king nebst einem mandschu-deutschen Wörterbuch (1864). Was die afrikanischen Sprachen betrifft hat er das Verdienst mit Polt den ganzen Stamm der Bantu-Sprachen erkannt und fixirt zu haben, jene Gruppen welche sich in Südafrika von der Ost- bis zur Westküste erstrecken.

Von den amerikanischen Sprachen behandelte er die zu der Familie der Sioux gerechnete Dakota Sprache (1852) und auch die Kiriri Sprache im selben Jahr, und lieferte auch eine kurze Grammatik der zu den mankasischen gehœrenden Tscherkessische.

Besonders aber lenkte er seine Aufmerksamkeit dem malayisch-polynesischen Sprachen zu. Schon 1852 behandelte er linguistisch das Dajah auf Borneo. Es folgte die der tagalischen Gruppe angehœrige Sprache auf Formosa (*Zeitsch. D. M. G.* XIII), eine treffliche Grammatik mit Wœrterbuch über die hinterindische Sprache der Kassia (1858), die er behutsam noch von den einsylbigen hinterindischen scheidet, und schliesslich sein ausgezeichnetes Werk : Die melanesischen Sprachen nach ihrem grammatischen Bau und ihrer Verwandschaft unter sich und mit den malayisch-polynesischen Sprachen (Leipzig, 1861). Er bewæhrt sich in allen diesen Arbeiten als ein besonnener und vorsichtiger Forscher, welcher nicht gleich mit weitgehenden Schlüssen fertig ist. Besonders hat er die Stellung der melanesischen zu den polynesischen Sprachen in einer Weise beleuchtet, die ihm allseitig die Zustimmung der Forscher gesichert hat. Als er am Ende des Jahres 1874 starb, folgte ihm daher zum Grabe die allgemeine Theilnahme der gelehrten Welt.

OTTO DONNER.

ÉLIE DE BEAUMONT

Jean-Baptiste-Armand-Louis-Léonce-Élie DE BEAUMONT, né à Canon (Calvados) le 25 septembre 1798, est une des gloires scientifiques de la France les plus universellement reconnues. Bien que la géologie, qui faisait l'objet spécial des études de ce savant éminent, ne se trouve que rarement en contact avec les recherches de l'orientalisme, telles qu'on les comprend aujourdhui, nous ne pouvons nous dispenser de consacrer ici quelques lignes à la mémoire ineffaçable de cet homme excellent, de ce protecteur-né de toutes les idées qui lui semblaient nouvelles et fécondes. Élie de Beaumont accepta de grand cœur, dès le premier jour, de faire partie du Comité de patronage du Congrès des Orientalistes, et, grâce à son concours ce Comité ne tarda pas à compter parmi ses membres des représentants distingués de tous les grands corps constitués de la France.

Le Comité d'organisation du Congrès de 1873 tient à déposer sur la tombe du grand géologue, l'hommage respectueux de sa reconaissance.

ATHANASE COQUEREL.

Athanase-Josué COQUEREL fils est mort à l'âge de cinquante-cinq ans dans toute la force d'une vaste intelligence, d'un véritable talent d'orateur et d'écrivain. Il laisse interrompus des travaux importants. Il appartient à la famille des Orientalistes par ses études de prédilection, spécialement par une œuvre importante, la nouvelle traduction de la Bible entreprise à son instigation dès 1864, par un comité d'hébraïsants et d'hellénistes. Il était un des principaux collaborateurs dans ce travail inspiré par la pensée qu'il importe d'avoir une traduction des Écritures, exécutée sans préoccupation des controverses qui peuvent exister entre les diverses communions religieuses.

Le caractère de notre regretté collègue se dénote tout entier dans cette résolution. L'œuvre qu'il a communiquée au Congrès de 1873 ,est malheusement suspendue depuis sa mort.

Il était né le 16 juin 1820, à Amsterdam, où son père, Laurent-Charles Coquerel, remplissait les fonctions de pasteur dans cette église protestante fondée par les réfugiés réformés de France et qui, connue sous le nom d'Église Wallonne, a continué jusqu'à nos jours les traditions de fortes études, de froide et fière indépendance des vieux calvinistes français.

A l'âge de 23 ans, sortant de la faculté de théologie de Genève, Coquerel fils fut appelé par le Consistoire de Nîmes et exerça dans cette ville le ministère évangélique jusqu'en 1848. Dans ce centre plein de passion, et des trop justes rancunes du protestantisme français, son incontestable talent, son caractère calme, enjoué, généreux, l'entourèrent de l'affection de ses coréligionnaires et du respect des plus fervents catholiques.

Appelé à Paris en 1848, par M. de Salvandy, comme aumônier du collége Henri IV, il y devint bientôt suffragant du pasteur Martin Paschoud et conquit rapidement, comme prédicateur, une grande réputation dans cette chaire illustrée presque au même moment par la voix de son père qui est demeuré un des grands souvenirs de l'éloquence sacrée du protestantisme.

Depuis 1815, on voyait dans le calvinisme une tendance à se scinder en deux, une église libérale, une église conservatrice, église de droite, église de gauche. Coquerel le père et ses deux fils appartenaient à celle qui repoussait les confessions de foi et les dogmes principaux, trinité, expiation, prédestination. Les conservateurs se sont depuis lors appelés du bizarre nom d'*orthodoxes protestants*. Dès 1864, le Consistoire de Paris interdit la chaire à Coquerel fils. Cette mesure qui n'atteignait pas l'homme, mais le théologien, et qui équivalait presque à une destitution, fut le signal d'une agitation profonde et publique dans l'Église réformée française, d'une lutte violente et tenace qui dure encore, et qui a envahi toutes les communautés protestantes de nos départements.

A. Coquerel avait remplacé la chaire par les conférences ; et en quelques années il s'était posé haut dans l'estime des amis de l'enseignement libre.

A la suite du second empire, au lendemain du 4 septembre, il se révéla orateur politique convaincu et patriote dévoué. Comme citoyen et comme pasteur il refusa de quitter Paris. Il voulut subir le siége. Dans les ambulances, il ne fut pas de ceux dont on parla le plus ; mais de ceux qu'on vit sans relâche aux champs de bataille.

C'était une nature douce et ardente, à la fois conciliante et inflexible, avec des facultés merveilleusement équilibrées ; mais c'était une vie qui se consumait rapidement par la pensée solitaire, par toutes les expansions et par l'action politique.

Pénétré de fortes études classiques, familier avec toutes les littératures étrangères, il parlait et écrivait couramment l'allemand, le hollandais, l'anglais et l'italien. Outre quelques volumes de sermons, il a publié *Calas et sa famille*, étude historique, que Michelet appelait un chef-d'œuvre ;— *Les beaux-arts en Italie* ; — *Rembrandt et l'individualisme dans l'art*. Il se proposait de publier ses notes de voyages en Orient; les événements de 70-71 et le déclin de sa santé lui ôtèrent le temps et la force de les rédiger. Il laisse inachevée aussi une *Histoire de l'Église réformée de Paris*. Un fragment de ce livre, le récit de la Saint-Barthélemy a été publié et a donné lieu à de vives controverses. Mais son *Histoire du Credo* et sa *Topographie de Jérusalem*, comme sa traduction de la Bible, font foi de ses études favorites.

Ses publications littéraires lui valurent la croix de la Légion d'honneur et ses travaux théologiques le diplôme de docteur en théologie de l'Université de Leyde. Ce sont les seules distinctions qui lui furent jamais accordées. Jamais, d'ailleurs, il n'en demanda aucune.

Le travail et les agitations l'avaient complétement épuisé. Il était resté malade près d'un an loin de Paris ; il y reparut au printemps de 1875 pour parler au Cirque dans une conférence au profit des familles de Sivel et de Crocé Spinelli.

Ce fut son dernier effort; il fut transporté de nouveau à la campagne, à Fismes (Marne) : mais la vie fuyait, et il s'éteignit presque subitement le 24 juillet 1875.

ÉD. MADIER DE MONTJAU.

SÉDILLOT.

Louis-Pierre-Eugène-Amélie Sédillot, naquit à Paris le 23 juillet 1810. A la mort de son père, sous la direction duquel il avait étudié l'arabe et les mathématiques, il lui succéda comme secrétaire du Collége de France et de l'École spéciale des langues orientales. Ce dernier établissement, qu'il administra avec zèle et désintéressement pendant de longues années, lui doit sa réorganisation approuvée par les uns, blâmée par les autres (1869).

Les principaux écrits scientifiques de Sédillot ont été consacrés à l'histoire des sciences chez les Arabes, et notamment à la célèbre école de Bagdad dont il s'était donné la mission de réhabiliter les travaux. On cite surtout avec éloges ses *Recherches nouvelles pour servir à l'histoire des Sciences mathématiques chez les Orientaux* (Paris, 1837 ; in-4°) ; ses *Matériaux pour servir à l'histoire comparée des Sciences mathématiques chez les Grecs et les Orientaux* (Paris, 1845-50 ; deux vol. in-8°) ; ses *Prolégomènes des tables astronomiques d'Oloug-Beg*, texte, traduction et commentaires (1846-53 ; deux vol. in-8° et son *Histoire des Arabes* (1854 ; in-12).

En dehors de ces ouvrages de longue haleine et de quelques mémoires d'une moindre étendue, Sédillot a collaboré activemeut à plusieurs recueils scientifiques, notamment à la *Revue encyclopédique*, au *Bulletin de la Société de Géographie* et au *Bulletin de l'Athénée Oriental*. Il fut, en outre, un des rédacteurs-fondateurs du *Journal des Orientalistes*.

Malgré ses publications d'un mérite incontestable, Sédillot se vit fermer les portes de l'Institut, où une seule voix lui manqua pour lui assurer une chaise. L'insuccès de ses candidatures multipliées et les intrigues dont il fut victime, ne l'empêchèrent pas de renouveler dans toutes les périodes de sa vie ses tentatives infructueuses. Les faveurs qu'il n'obtint pas pour lui, il les fit souvent obtenir à d'autres; et si l'orientalisme français a perdu en lui un de ses représentants les plus autorisés, une foule de travailleurs et de savants regretteront en lui un ami sincère, un conseiller toujours sage et éclairé, un bienfaiteur dévoué et infatigable.

VICTOR DUMAS.

Mme ÉLISA DE ROSNY[1].

Le souvenir de Madame Élisa de Rosny demeurera attaché au nom du Congrès international des Orientalistes, comme au nom de la Société d'Ethnographie, sous les auspices de laquelle ce Congrès a été créé.

Lorsque, tont jeune encore, son fils conçut la pensée hardie

---

[1] Elisa Marquet de Vasselot, veuve de Lucien de Rosny, décédée à Paris le 9 mars 1874.

de fonder la Société d'Ethnographie, en présence des ruines à peine affaissées d'autres associations que le succès avait désertées, Mme de Rosny fut le premier confident du projet, le plus dévoué collaborateur de l'œuvre: son instinct maternel lui faisant entrevoir l'avenir d'une idée dont personne n'était alors en mesure de se rendre compte, elle s'intéressa sincèrement à ces questions ardues pour lesquelles la plupart des femmes n'ont pas la force de déguiser leur aversion ou leur mépris.

Toutefois, l'adhésion complaisante, l'encouragement moral dans lequel le désir d'être agréable à la personne tient plus de place que l'intérêt réellement senti, ne furent ni le mobile de son attitude, ni la limite de son action. En dehors de l'œuvre scientifique, à laquelle elle ne pouvait rattacher que ses aspirations bienveillantes, elle sut apporter un concours effectif aux travaux de la Société, dont elle se fit volontairement le répartiteur. Elle fut aussi le centre de ces réunions privées qui, pour ne compter point dans les procès-verbaux officiels, n'en ont pas moins une importance capitale dans l'inspiration des travaux et la conduite de l'œuvre sociale. Il s'établit ainsi entre ceux qui ont partagé, à divers degrés de l'échelle organisatrice, le titre de fondateurs de la Société, une nouvelle association, où une sorte de sentiment de famille donnait un caractère plus intime à la communion scientifique des idées.

Quant à nos réunions publiques, ce furent ses fêtes; nos recherches composèrent ses passions, nos projets devinrent ses espérances; et quelle que fût l'intensité de son affection maternelle, il demeura toujours impossible, je crois, de distinguer ce qu'inspirait un sentiment aussi légitime, de l'intérêt généreux qui lui faisait embrasser les aspirations communes à tous. C'est donc en toute justice que le nom de Mme de Rosny doit être inscrit dans les annales de la Société et du Congrès. Ce nom nous est doublement précieux, à nous, qui avons été à même d'apprécier tant de dévouement et de vertus.

ALPH. CASTAING.

MARTIN HAUG.

Deutschland, und mit ihm di ganze gelerte welt, hat in lezter zeit grosse verluste auf dem gebite der sprachwissenschaften erlitten, und um si schmerzlich zu fülen genügt schon di blosse nennung der namen Diez, Lassen, Petermann, Simrock und Haug. Lezterer, bei seinem im Juni dises jares erfolgten tode noch nicht 50 jar alt, war den 30. Januar 1827 zu Ostdorf in Würtenberg von armen eltern geboren und gab sich selbst, vom drang des lernens getriben, di erste wissenschaftliche ausbildung. In Tübingen, wo er 1848 di universität bezog, hatte er das glük einen lerer im sanskrit vorzufinden, der, obgleich nur sechs jar älter als sein begabter schüler, sich schon durch ein bedeutendes werk (*Zur literatur und geschichte der Veda*) einen namen erworben, den er bis heute nicht aufgehört ruhmvoll zu behaupten und zu vergrössern. Aus R. Roth's händen brachte Haug ein günstiges geschik in di des gewaltigen Bunsen, nicht freilich blindlings und mit einem wurfe, sondern nachdem er seine tüchtigkeit in den *Gœttingischen gelerten anzeigen*, 1854, durch eine anregende arbeit (" *Ueber di pehlewisprache und den Bundehesch* ") ins licht gestellt, und di *Zeitschrift der D. M. G.*, 1858, mit seinem namhaften werken "*Die fünf Gâthâs*", etc., bereichert. So konnte ihn Bunsen in London emfelen und seine ernennung nach Indien als *professor of sanskrit in the Poona college* bewerkstelligen. In der brahmanenstad angelangt, wurde er überdis zum *superintendent of sanskrit studies* ernannt und dergestalt ward es ihm, im steten verker mit den gelertesten Parsen und Brahmanen, verhältnissmässig leicht jenen schaz iranischer und indischer kentnisse zu sammeln, den er uns in seinen zwei hauptwerken : *Essays on the sacred language, writings and religion of the Parsees* (Bombay, 1862), und *Aitarêya-Brâhmana of the Rigveda* (2 bände, Bombay, 1863) mitgeteilt. In den *Essays* legte Haug den ersten warhaft gedigenen grund zum grammatischen studium der heiligen sprachen der Parsen, und regte männer wie Justi und Spiegel zum gekrönten ausbau irer schwirigen forschungen an; durch seinen *Aitarêya-Brâhmana* fürte er di indianisten und indologen in das praktische verständniss der vedischen ceremonien und rituale ein; — zwei verdinste, di uns über manche karakterschwächen des verewigten hinwegsehen lassen und uns erlauben auf ihn mit gebürendemmas di worte des dichterfürsten anzuwenden :

Auch manche geister, di mit ihm gerungen,
Sein gross verdinst unwillig anerkannt,
Si fülen sich von seiner kraft durchdrungen,
In seinem kreise willig festgebannt.

KARL SCHŒBEL.

CHRISTIAN LASSEN.

Le nom de Lassen est si connu qu'il suffit de le prononcer pour évoquer immédiatement le souvenir d'une longue et glorieuse carrière. Né à Bergen, en Norvége, le 22 octobre 1800, l'élève de A. W. de Schlegel, lui-même élève de Bopp, eut, à son entrée dans le monde savant, le singulier honneur d'initier Gœthe dans la connaissance de la poésie indienne, et ce début, de grand augure assurément, qui eut lieu en avril 1827, fut suivi, à de courts intervalles, par des travaux auxquels le jeune indianiste avait continué à se préparer par un séjour prolongé à Londres et à Paris. Dans cette dernière ville, il fit la connaissance d'Eug. Burnouf, du même âge que lui, et ils publièrent ensemble la dissertation un peu verbeuse, intitulée *Essai sur le Pali* ». Puis, de 1829 à 1831, il édita, en collaboration avec son illustre maître, l'*Hitopadeça*, auquel il fit succéder en 1832, le *Gymnosophista sive Indiœ philosophiœ documenta.* Mais son vaste talent ne put se restreindre aux choses de l'Inde seulement ; en 1836, il surprit le monde savant par un déchiffrement des inscriptions cunéiformes perses qui passa pour être, en cette matière, le premier grand succès, et déjà, en 1833, il s'était également signalé par une interprétation des Tables eugubines, qui peut compter comme le premier essai heureux de porter la lumière dans ces antiques monuments latins. Cependant il revint à l'Inde pour publier en 1837 les « *Institutiones linguœ pracriticœ*,ouvrage aussi important pour l'étude des dialectes indiens populaires que son édition de la *Gitagovinda* et son *Anthologia sanscrita* avec Glossaire, qui date de 1838, le sont pour celles de la langue indienne classique, le sanscrit.

Mais tous ces travaux et beaucoup d'autres répandus à pleines mains, on peut le dire, dans nombre de Recueils et principalement dans l'*Indische Bibliothek*, dans *Rheinisches Museum* et dans *Zeitschrift für die Kunde des Morgenlandes*, journal qu'il avait spécialement fondé à son usage et qui a donné naissance au célèbre journal asiatique de Leipzig ; tous ces travaux n'étaient qu'une préparation à cet ouvrage capital qui a pour titre « *Indische Alterthumskunde* » en quatre gros volumes, dont le premier parut en 1844 et le dernier en 1862. Voilà une publication qui assure au nom de Lassen une gloire durable, et cela malgré des imperfections inhérentes, d'ailleurs, à toute compilation. Car c'est une compilation, il n'y a pas de doute, mais cette compilation, un esprit aussi riche en connaissances solides que celui de Lassen pouvait seul l'entreprendre et la mener à bien. Lassen compile, mais partout c'est la critique qui le dirige dans le choix et dans l'appréciation des documents et des monuments qu'il met en œuvre ; jamais il ne copie en aveugle. La distribution des matières n'est cependant pas toujours irréprochable ; ainsi l'histoire de la science grecque et romaine, relativement à l'Inde, qui vient au 3e volume, serait sans doute mieux placée au 1er, ou, dans tous les cas, au second, là où, à la page 621, il se trouve déjà un chapitre sur cette science. Mais à quoi sert de critiquer une œuvre qui sera, pour de longues années encore, une mine d'or, un *Erzgebirge*, pour tous ceux qui voudront étudier l'Inde dans sa religion, dans ses mœurs, dans sa philosophie, dans ses lois, dans sa littérature et dans son histoire? Honneur au nom de Lassen!

CH. SCHŒBEL.

B. — DOCUMENTS STATISTIQUES.

I. — RÉPARTITION DES MEMBRES.

Le nombre des membres de la première session du Congrès international des Orientalistes, a été de 1064, savoir :

France :	Paris	392	
—	Province	137	
—	Corse	3	578
—	Algérie	41	
—	Inde française	5	
Allemagne.	Alsace-Lorraine	3	
	Bade	6	
	Bavière	2	
	Hesse	1	
	Prusse	14	35
	Saxe-Cobourg-Gotha	1	
	Saxe-Altembourg	1	
	Saxe-Royale	7	
Angleterre :		72	
—	Inde anglaise	4	78
—	Ile Maurice	2	
Arabie			1
Autriche			9
Belgique			21
Birmanie			1
Brésil			4
Canada			7
Canaries (îles)			1
Cochinchine			7
Colombie			1
Chine			20
Danemark			8
Égypte			20
		A reporter	791

Report	791
Espagne	9
États-Unis	39
Finlande	9
Grèce	12
Hollande	6
Hongrie	2
Inde néerlandaise	2
Italie	23
Japon	32
Luxembourg (grand-duché de)	5
Madagascar	1
Maroc	1
Mexique	2
Norvége	2
Perse	4
Pologne	26
Portugal	32
République Argentine	3
Roumanie	18
Russie	25
Salvador	2
Siam	1
Suède	3
Suisse	11
Turquie	3
Total	1064

Hommes	français	489	909
	étrangers	420	
Dames	françaises	62	86
	étrangères	24	
Sociétés savantes	françaises	16	44
	étrangères	28	
Bibliothèques publiques et Musées	français	9	17
	étrangers	8	
Écoles	françaises	2	8
	étrangères	6	
Total			1064

2. — SITUATION FINANCIÈRE.

La Commission administrative a pu arrêter définitivement les comptes de la session de 1873, de façon à les publier ici, grâce à la bienveillance de la Société d'Ethnographie de Paris, qui a bien voulu mettre à sa charge le solde des deux derniers volumes des *Mémoires* du Congrès de 1873, en échange des recettes qui restent à opérer, tant en ce qui concerne le règlement des comptes des délégués qu'en ce qui touche à la vente en librairie.

Malgré nos instances réitérées, nous n'avons pu obtenir de tous nos délégués et correspondants la liste complète de leurs souscripteurs, de sorte qu'à notre vif regret, certains noms manquent dans la liste publiée à la fin de ce volume ; mais nous réserverons jusqu'à la fin de l'année 1878 des exemplaires pour répondre aux réclamations qui pourraient nous être adressées par des souscripteurs régulièrement inscrits, bien qu'à notre insu, par nos délégués.

RÉSUMÉ DES COMPTES DE LA 1re SESSION

(PARIS, 1873)

RECETTES

			FR. C.
CHAPITRE	1.	— Souscriptions des Membres.	12,488,00
—	2.	— Dons.	5,396,55
—	3.	— Diplômes et Médailles commémoratives.	360,00
—	4.	— Vente de Publications.	8,314,28
—	5.	— Recettes diverses.	731,25
		TOTAL.	27,290,08

DÉPENSES

		FR. C.
Chapitre 1.	— Loyer, Matériel	646,60
— 2.	— Employés, Service	282,35
— 3.	— Frais de Bureau et Imprimés	1562,55
— 4.	— Correspondance	606,53
— 5.	— Diplômes et Médailles	633,50
— 6.	— Séances et Fêtes offertes au Congrès	954,00
— 7.	— Exposition [1]	3,200,00
— 8.	— Publications	18,588,05
— 9.	— Dépenses diverses	799,50
	Total	27,273,08
	Reliquat des Recettes	17,00
		27,290,08

Certifié conforme aux Registres de la Comptabilité,

Le comptable du Congrès, O. Pitrou.

Vu et approuvé par nous, *Membres de la Commission chargée d'examiner les comptes de la Session*,

Dr Legrand. A. Mouqueron.

---

[1] Cette somme a été en très-majeure partie couverte par la générosité de M. Henri Cernuschi qui, non seulement a pris à sa charge les frais de la grande Exposition Orientale du Congrès, mais n'a pas même fait connaître à la Commission administrative les sommes considérables qu'il a dépensées pour son organisation.

CONGRÈS INTERNATIONAL

des Orientalistes.

TROISIÈME SESSION. — Saint-Pétersbourg. — 1876.

RÈGLEMENT.

En vertu de l'article 3 du Règlement définitif adopté par le Congrès International des Orientalistes dans sa première réunion à Paris, portant que le Congrès désignera à la fin de chaque session le lieu de la réunion suivante, les orientalistes siégeant à Londres en 1874 ont décidé que la session prochaine du Congrès aura lieu en Russie, et en vertu du même Règlement ils ont constitué un Comité dit orientalistes russes, chargé d'organiser cette 3ᵉ session.

Le Comité d'organisation russe, agissant de concert avec le Comité Permanent de la 2ᵉ Session de Londres, a réglé dans le but indiqué ce qui suit :

Article premier. — Le Congrès International des Orientalistes se réunira en 3ᵉ session à Saint-Pétersbourg le 1ᵉʳ septembre 1876. La session durera dix jours.

Art. 2. — La Session sera consacrée principalement aux études relatives à l'Asie russe. Le sujet sera traité en quatre séances, dont la première s'occupera de la Sibérie (orientale et occidentale), la seconde — de l'Asie Centrale dans les limites russes (y compris aussi les principautés indépendantes de l'Ouzbekistan) ; la troisième — du Caucase (avec la Crimée et les autres contrées de la Russie Européenne, habitées par des populations asiatiques) ; la quatrième — de la Trans-Caucasie (Géorgie et Arménie anciennes).

Art. 3. — Dans les trois séances suivantes, le Congrès s'occupera du reste de l'Asie, divisée en trois groupes : 1° le Turkestan Oriental, le Tibet, la Mongolie avec la Mantchourie et la Corée, la Chine proprement dite et le Japon ; 2° l'Inde en deçà et au delà du Gange, l'Afghanistan, la Perse et l'Archipel Indo-Chinois; 3° la Turquie, y compris l'Arabie et l'Egypte.

Art. 4. — Les sujets qui seront traités dans ces sept séances seront du domaine de la Cartographie, de l'Ethnographie, de la Linguistique, de l'Histoire et de la Littérature des pays respectifs.

Art. 5. — Les deux dernières séances seront consacrées aux questions relatives : 1° à l'Archéologie et la Numismatique des peuples de l'Orient en général, et 2° à leurs systèmes religieux et philosophiques.

En outre le Comité d'organisation de la 3e Session juge nécessaire de porter à la connaissance des savants étrangers les résolutions suivants :

Art. 6. — Feront partie du Conseil de la Session : *a* les anciens Présidents des sessions de Paris et de Londres; *b* les deux Membres de la Commission Administrative du premier Congrès tenu à Paris (Règlem. définit. § 15) ; *c* les délégués officiels des Gouvernements et des corporations savantes qui voudront honorer le Congrès de leur adhésion ; *d* les Membres du Comité d'organisation de la 3e Session, et ses Membres-correspondants en Russie et à l'étranger ; *e* les Présidents et Vice-présidents des séances, ainsi que le Secrétaire-Général et le Secrétaire-Adjoint du Congrès — après leur élection par l'assemblée générale. Le Secrétaire-Général, d'après la nature de ses fonctions, n'est éligible que parmi les orientalistes russes.

Art. 7. — Les membres du Conseil voudront bien se constituer, à tour de rôle, en Commission Permanente, se composant de cinq personnes et siégeant au Bureau du Congrès. Cette Commission résoudra sans retard les questions urgentes qui réclameraient l'intervention du Conseil.

Art. 8. — Le Bureau du Conseil se composera : *a* de six secrétaires, chargés de dresser les procès-verbaux des séances, de publier le Bulletin du Congrès, etc.; *b* d'un trésorier; *c* d'un bibliothécaire-archiviste, et *d* de deux personnes (mihmandars), chargées de recevoir ceux qui ont affaire au Bureau et de les recommander, selon la nature de leurs demandes, à qui de droit d'entre les membres du Bureau. — Le Bureau agit sous la direction du Secrétaire-Général. A l'exception de la moitié des secrétaires, le reste du personnel constituant le Bureau n'est éligible que parmi les membres russes du Congrès. Le choix des membres du Bureau appartient au Conseil.

Art. 9. — La première séance générale de la Session, séance d'inauguration, dirigée par le Comité d'organisation, sera consacrée : *a* à la lecture du compte-rendu du Comité organisateur de la Session; *b* à l'élection du Secrétaire-Général et du Secrétaire-Adjoint, ainsi que des Présidents et Vice-Présidents des séances, à la constitution du Bureau, et à la nomination des membres de la Commission qui examinera les comptes du trésorier du Comité d'organisation; *c* à l'élection du Président de la Session, qui, aussitôt élu, entre dans l'exercice de ses fonctions.

Art. 10. — A la dernière séance générale de la Session, séance de clôture, le Congrès entendra le rapport de la Commission des Comptes, désignera, sur la proposition du Conseil, le pays où aura lieu la session suivante, en nommera le Président et le Comité d'organisation, et choisira les membres du Comité de Permanence russe (Règlem. défin. § 5 et 18.)

Art. 11.—Les séances auront lieu, selon les circonstances, le matin ou le soir. Le temps libre entre les séances sera consacré soit à visiter les bibliothèques, musées et autres collections publiques offrant un intérêt spécial aux orientalistes, soit à des excursions aux environs de la capitale.

Art. 12. — Chaque séance spéciale sera dirigée par un Président et deux Vice-présidents élus *ad hoc* par le Congrès (il est de rigueur qu'une de ces trois personnes soit élue parmi les membres russes du Congrès). Ces fonctionnaires d'honneur, assistés par d'autres membres de leur choix, examineront tous les Mémoires et toutes les questions adressées au Congrès concernant la spécialité de la séance. Ils choisiront parmi ces communications, pour être lues et discutées, celles qu'ils jugeront les plus importantes.

Art. 13. — Dans les cas où une seule séance ne suffirait pas à épuiser les questions admises et soulevées, et où la majorité des membres assistants témoignerait le désir de prolonger la discussion, le Président de la séance en avisera le Bureau, qui fixera l'heure et le lieu de la nouvelle séance.

Art. 14. — Aucune communication ou réplique pendant les séances ne devra durer plus d'un quart d'heure.

Art. 15. — Les personnes qui auront fait quelque communication de vive voix ou pris part aux débats seront priées de vouloir bien examiner le procès-verbal de la séance le jour même, afin d'y apporter, s'il y a lieu, leurs rectifications. Il ne sera donné aucune suite aux réclamations postérieures.

Art. 16. — Le sommaire de tous les Mémoires et communications lus à la séance en langue russe, ainsi que de toutes les discussions qui auront lieu en cette langue, sera publié dans la Session en langue française.

ART. 17. — Le Comité d'organisation publiera une liste des questions dont il proposera la discussion au Congrès. Les personnes qui désireraient proposer de leur part des questions spéciales concernant l'Orient sont priées de les remettre par écrit au Comité d'organisation, ou à un de ses Membres-correspondants, en les accompagnant d'un résumé exposant leurs vues sur ces questions. Ce n'est qu'à cette condition que les dernières seront admises à la discussion.

ART. 18. — Le Congrès International des Orientalistes en sa 3e Session ne s'occupera que d'intérêts purement scientifiques; aussi toute communication ou discussion sur des sujets qui pourraient avoir trait à la religion chrétienne, à la politique, à l'adminstration, au commerce et à l'industrie contemporaines, ou qui n'entrent pas dans le programme susmentionné des occupations de la Session, sera considérée comme déplacée et subira à son début même l'interdiction de la part du Président de la séance.

ART. 19. — Les mémoires ou communications destinés à être lus aux séances de la Session pourront être communiqués directement au Comité d'organisation à Saint-Pétersbourg, ou à ses Membres-correspondants qui seront tenus de les faire expédier au Comité.

ART. 20.—Le Comité organisera pour toute la durée de la Session une Exposition d'objets ayant trait aux antiquités et à l'état actuel des peuples de l'Orient. Messieurs les Membres étrangers du Congrès y seront admis comme exposants. Les frais de transport et de réexpédition resteront à la charge de MM. les exposants.

ART. 21. Sera admise comme membre du Congrès toute personne, de l'un ou de l'autre sexe, qui témoignera le désir de prendre part aux travaux du Congrès et versera la cotisation dont le montant est fixé à 12 francs = 10 sch. = 10 mk. Cette cotisation versée, il lui sera délivré une carte de Membre accordant l'admission à toutes les séances de la 3e Session et à l'Exposition y jointe, ainsi que le droit à un exemplaire de toutes les publications de la Session du Congrès.

Art. 22. — Les corporations savantes pourront se faire inscrire comme telles sur la liste des Membres du Congrès avec droit de se faire représenter par un délégué spécial.

Art. 23. — Aux séances de la Session et à l'Exposition ne seront admises que les personnes munies de leurs cartes de membre.

Art. 24. — Dès leur arrivée à St.-Pétersbourg, MM. les Membres du Congrès sont priés de vouloir bien se rendre au Bureau du Comité d'organisation pour y faire acte de présence, faire inscrire leur domicile, et se pourvoir des règlements de la Session.

Art. 25. — Le Gouvernement russe ayant mis à la disposition du Comité d'organisation des moyens suffisants pour pourvoir aux frais de la Session du Congrès à St.-Pétersbourg, le Comité ne sera comptable envers la Commission des Comptes que des sommes reçues et dépensées sur le montant des cotisations encaissées.

Art. 26. Cette libéralité du Gouvernement russe dispense le Comité d'organisation d'admettre une classe à part de membres-donateurs. Le montant des cotisations des membres adhérents sera employé principalement à la publication des travaux de la Session. Mais toute donation en livres, manuscrits, dessins, cartes, objets d'antiquité, d'art, de curiosité, etc., sera reçue avec reconnaissance.

Art. 27. — Seront informées des règlements de la Session

et invitées à prendre part aux travaux du Congrès toutes les corporations et sociétés savantes, parmi les membres desquelles se trouvent des personnes qui s'intéressent aux études orientales. Il n'y aura pas d'invitations personnelles.

ART. 28. — Toutes les relations du Comité d'organisation avec l'étranger, excepté celles qui regardent l'Exposition, auront lieu par l'entremise du Président du Comité, *M. W. W. Grigorief* (St.-Pétersbourg, Vasilievski-Ostrov, Volkhonskoï-Péréoulok Nr. 6), ou du Secrétaire pour la correspondance étrangère, *M. le baron Victor de Rosen,* Professeur-adjoint d'arabe à l'Université de St.-Pétersbourg (Fourchtatskaya Nr. 25). Quant aux affaires qui concernent particulièrement l'Exposition, on est prié de s'adresser à l'attaché du Comité, M. *Pierre Lerch*, Secrétaire de la Commission Impériale Archéologique de St.-Pétersbourg (Vasilievski-Ostrov, Grande Perspective Nr. 8), qui est chargé spécialement de l'organisation et de la surveillance de l'Exposition.

SUPPLÉMENT

AUX MÉMOIRES

DU CONGRÈS INTERNATIONAL

DES ORIENTALISTES

1re SESSION — PARIS — 1873

SUPPLÉMENT

AUX MÉMOIRES

DU CONGRÈS INTERNATIONAL DES ORIENTALISTES

Ire SESSION — PARIS — 1873

Huit Papyrus Coptes du Musée Égyptien du Louvre, provenant du Monastère de Saint-Jérémie de Memphis, et relatifs aux impôts de l'Empire Byzantin, par **Eugène REVILLOUT**, conservateur-adjoint du Musée Égyptien du Louvre. (SUITE ET FIN[1].)

No 1.

☩ ϩⲛ ⲡⲣⲁⲛ[2] ⲛ(ⲡⲛⲟⲩⲧⲉ) ⲁⲛⲟⲕ ⲡⲁⲭⲁⲛⲟⲥ ⲡϣⲏ... ⲧⲟ... ⲡⲣⲙⲉⲓⲧⲉ ⲉⲓⲥϩⲁⲓ[3] ⲛⲛⲁⲡⲁ ⲕⲓⲣⲉ ⲡⲁⲣⲭⲏ(ⲙⲁⲛ)ⲧⲣⲓⲧⲏⲥ... (ⲓ)ⲉⲣⲏⲙⲓⲁⲥ ⲙⲛ ⲉⲛⲱⲭ ⲙⲡⲉⲧⲣⲟⲥ... ⲛⲁⲡⲁ ⲓⲉⲣⲏⲙⲓⲁⲥ

---

[1] Voir la première partie dans le t. II, p. 471 et suiv. — Je dois avertir le lecteur que pour éviter la perte de place j'emploierai, *uniformément*, sept points pour les lacunes qui sont un peu considérables, et trois points pour les petites. J'ai été aussi obligé de renoncer à l'accentuation employée dans mes divers documents, accentuation qui n'a, du reste, aucune importance pour le sens.

[2] Le ⲛ devrait régulièrement se changer ici en ⲙ.

[3] Le double ⲛⲛ, employé dans tout ce document pour un ⲛ simple, se retrouve fréquemment dans le patois basmurique.

ϫⲉ ⲉⲡⲓⲇⲏ ⲁⲣⲉ ⲡⲟⲩⲣⲱ[1] . . . ϩⲁⲣⲱⲧⲛ. . .
. . . . ϩⲁⲡ ⲉ(ⲧ)ⲃⲏⲏ. . . ⲉⲡ. . . . . . .(ϩⲟⲗⲟ)-
ⲕⲟⲧⲧ ⲛⲟⲩⲃ[2]. . . ⲙ. . . ϩⲟⲙⲟⲗ. . . . . .
(ⲉⲡⲉⲓ)ⲇⲏ. . . . . ⲙⲛⲏϫⲡ. . . . . . . ⲧⲉ
ⲛⲛⲁⲧⲗⲁⲁⲩ ⲛϩⲱⲃ ⲛⲛⲁⲛⲫⲓⲃⲟⲗⲓⲁ : ⲉ. . . .
ϣⲁⲛⲡⲱⲧ ϣⲁⲛⲧⲉϥϫⲏⲕ ⲡⲉϥ. . .[3] ⲧⲁϫⲓⲧⲛ
ⲉⲃⲟⲗ ⲉⲓⲉϥⲓ ⲉ. . . ⲡⲣⲟⲥⲑⲉ ⲉⲧⲉⲣⲉ ⲡⲣⲣⲟ
ⲛⲁϩⲟⲣⲓⲍⲉ ⲙⲙⲟϥ ⲉϫⲱⲓ ⲉⲡⲉⲡⲟⲣϫⲟⲧⲛ
ⲁⲓⲥⲙⲛ ⲧⲉⲓⲛⲕⲓⲁ[4] ⲛⲉⲧⲛ ⲙⲡⲟⲟⲩ ⲉⲧⲉ. . .
ⲥⲟⲩϥⲧⲟⲟⲩ ⲡⲉ ⲙⲡⲁϣⲛⲉ ⲛⲧⲉⲓⲣⲟⲙⲡⲉ
ⲧⲁⲇⲉⲩⲧⲉ. . . ⲉⲛⲧⲉⲕⲇⲓⲁⲛⲟⲥ[5] ⲉⲓⲱⲣⲕ ⲛⲉⲧⲛ
ⲙⲡⲛⲟⲩⲧⲉ ⲡⲡⲁⲛⲧⲱⲕⲣⲁⲧⲱⲣ ⲧⲁⲣⲉⲓϩⲁⲣⲉϩ[6] ⲛⲉⲧⲛ ⲡⲣⲟⲥ ⲧϭⲟⲙ ⲛⲧⲉⲓ. . .

---

1 La forme ⲡⲟⲩⲣⲱ, qui rappelle le ⲡⲟⲩⲣⲟ du memphitique, est employée dans ce document collatéralement avec la forme thébaine ⲡⲣⲣⲟ.

2 Ce mot est, par assimilation, pour ϩⲟⲗⲟⲕⲟⲧ-ⲛⲛⲟⲩⲃ.

3 Ici le scribe a certainement oublié un mot, car après ϣⲁⲛⲧⲉϥϫⲏⲕ on trouve l'article possessif ⲡⲉϥ, qui appelle un substantif, et, au lieu de cela, vient la forme verbale ⲧⲁϫⲓⲧⲛ ⲉⲃⲟⲗ. Sans doute le substantif commençait par ⲧⲁ, ce qui a causé l'erreur. Quant à ⲧⲁϫⲓⲧⲛ, il se rapporte certainement à un premier verbe, probablement ϯϣⲡⲧⲱⲣⲉ. Car, ainsi que je l'ai démontré, le temps en ⲧⲁ est un mode subordonné, en thébain. (Voir mon second article, dans les *Mélanges d'Archéologie égyptienne*).

4 ⲛⲕⲓⲁ : je ne sais d'où vient ce mot, dont la signification n'est, du reste, pas douteuse ici.

5 Déformation du mot *indictio*. En grec, au génitif, *ινδικτιωνος*.

6 La formule ⲉⲓⲱⲣⲕ ⲉⲡⲡⲁⲛⲧⲟⲕⲣⲁⲧⲱⲣ ⲧⲁⲣⲉⲓϩⲁⲣⲉϩ, etc., se retrouve dans beaucoup d'actes coptes du même genre, ainsi que

† ⲁⲛⲟⲕ ⲁⲡⲁ ⲓⲥⲁⲁⲕ ⲡⲓⲕⲟⲛⲟⲙⲟⲥ ⲛⲛⲁⲡⲁ ϩⲱⲣⲱⲛ ⲛⲧⲡⲉⲣⲥⲓⲥ ⲛ̄ⲃⲁⲃⲩⲗⲱⲛ ϯⲟ ⲙⲙⲛⲧⲣⲉ †.

† ⲁⲛⲟⲕ ϩⲏⲗⲓⲁ ⲡϣⲛ ⲡⲙⲁⲕⲁⲣⲓⲟⲥ ⲙⲏⲛⲁ ⲡⲣⲙ ⲡⲁⲁ. . . ⲧⲙⲉⲣⲟⲥ ϩⲛ ⲡⲧⲟϣ ⲙⲉϥⲉ ϯⲟ ⲙⲙⲛⲧⲣⲉ †.

† ⲁⲛⲟⲕ ⲙⲉⲣⲕⲟⲩⲣⲉ ⲡⲙⲁⲧⲟⲓ ⲙⲡⲁⲛⲧⲓⲧⲟⲩⲝ ϯⲟ ⲙⲙⲛⲧⲣⲉ †.

† ⲁⲛⲟⲕ ⲁⲡⲁ ⲉⲛⲱⲭ ⲛⲛⲁⲡⲁ ⲃⲁⲙ. . . ⲛⲛⲧⲡⲉⲣⲥⲓⲥ ⲛⲃⲁⲃⲩⲗⲱⲛ ⲛⲧⲁⲓⲥϩⲁⲓ ⲡⲉⲓ ⲭⲁⲣⲧⲏⲥ ϩⲛ ⲧⲁϭⲓϫ (ⲁⲩⲱ)ϯⲟ ⲙⲙⲛⲧⲣⲉ †.

« † Au nom de Dieu, moi, Pachanus fils....., habitant d'Eite, « j'écris à l'apa Kire, archimandrite, et à l'apa Enoch, fils de « Paul, (économe (?) du monastère) de Saint-Jérémie, à savoir : « Puisque l'empereur (a ordonné), à votre propos, (que vous « paieriez un impôt de tant d') holocots d'or..... Puisque..... « (Moi, Pachanus, je le cautionne) sans aucune amphibologie, « en sorte que, quand bien même (l'impôt) arriverait à attein- « dre son....., je vous en délivrerai, et je le prendrai à ma « charge, selon la manière que l'empereur le fixera sur moi. « Comme garantie, j'ai fait ce contrat en votre faveur, au- « jourd'hui, quatrième de Payni, de cette année, deuxième de « l'indiction. Je vous jure, par Dieu tout-puissant, que j'ob- « serverai cet acte selon sa teneur.

« † Moi, Apa Isaac, économe de Saint-Horon de Persis « de Babylone, je suis témoin ;

ⲉⲡⲡⲟⲣϫⲟⲩⲛ, et bien d'autres expressions juridiques semblables, que j'étudie en détail dans mon *Cartulaire de Boulaq*.

« † Moi, Élie, fils du Bienheureux Ména, habitant de Paa...., « territoire dans le nome de Memphis, je suis témoin ;

« † Moi, Mercure, le soldat de l'Antidux [1], je suis témoin ;

« † Moi, Apa Enoch, de Saint-Ba..... de Persis de Baby- « lone, j'ai écrit de ma main cette charte et je suis témoin.

N° 2.

† ⲅⲉⲱⲣⲅⲉ ⲟⲩⲛⲟⲩⲃⲣⲉ ⲓⲉⲣⲏⲙⲓⲁⲥ ⲁⲃⲉ·
ⲥⲉⲙⲱⲛ ⲙⲏⲛⲁ ⲁⲡⲟⲗⲱ ⲉⲛⲥϩⲁⲓ ⲛⲡⲉⲛϫⲟⲓⲥ
ⲛⲓⲱϯ ⲁⲡⲁ ⲇⲁⲩⲇ ⲡⲉⲡⲣⲉ(ⲥ)ⲃⲏϯⲉ. ⲡⲁⲣ^{χ}ⲁⲩⲱ
ⲫⲉⲅⲟⲩⲙⲉⲛ(ⲟⲥ) ⲙⲡⲙⲟⲛⲁⲥⲧⲏⲣⲓ. . . ⲛⲁⲡⲁ
ⲓⲉⲣⲏⲙⲓⲁⲥ ⲇⲉ ⲛϣⲡⲧⲟⲣⲉ ⲛⲧⲟⲟⲧⲕ ⲛⲇⲓⲙⲓⲁ [2]
ⲛⲉⲡⲟⲩⲟⲓ [3] ⲛⲕⲧⲓⲥⲓⲕⲉⲗⲓ ⲛⲁϥ [4] ⲙⲉⲛ ϩⲱⲃ ⲛⲓⲙ
(. . . . . . .) ⲃⲟⲗ ⲉⲣⲟϥ ϩⲁ ⲡⲉϥⲧⲉⲙⲟ-

---

1 Dans un autre texte publié par Zoega, (p. 282), on trouve mentionné: « Théodore le Thébain, le clarissime ex-duc », **ⲑⲉⲟⲇⲱⲣⲟⲥ ⲡⲑⲉⲃⲁⲓⲟⲥ ⲡⲙⲉⲕⲁⲗⲟⲡⲣⲉⲥⲧⲁⲧⲟⲥ ⲛⲁⲡⲟⲇⲟⲩⲕⲱⲛ.**

2 **ⲛⲁⲓⲙⲓⲁ** « les objets de valeur », en grec : *τα τιμια.* C'est du moins le seul sens que j'ai cru possible.

3 **ⲛⲉⲡⲟⲩⲟⲓ** pour **ⲛ-ⲓⲉⲡⲟⲩⲟⲉⲓⲉ**, *utensilia ad agriculturam pertinentia,* comme traduit Peyron. Sous les Pharaons, selon Diodore, une telle caution aurait été inutile, les instruments de labourage ne pouvant être saisis.

4 **ⲛⲕⲧⲓⲥⲓⲕⲉⲗⲓ ⲛⲁϥ.** Cette locution se retrouve dans deux autres de nos actes. Elle est assez obscure. Je ne saurais donner d'interprétation au mot **ⲕⲧⲓⲥⲓⲕⲉⲗⲓ**. Quant au mot **ⲛⲁϥ** il paraît indiquer seulement l'appartenance, ce qui n'est nullement syntaxique. Dans tous les cas la leçon, toute nouvelle qu'elle est, n'est pas douteuse ; mais je ne donne mon interprétation très-partielle que sous toutes réserves.

ⲥⲓⲟⲛ[1] ⲙⲛ ϩⲱⲃ ⲛⲓⲙ ⲉⲣⲉ ϩⲉⲛⲕⲉⲥⲛⲏ ⲉⲣⲙⲉⲧⲣⲉ ⲁⲛⲟⲕ ⲕⲱⲥⲙⲁ ϫⲓⲙⲟⲩⲥ ϯⲟ ⲛⲙⲉⲧⲣⲉ ⲁⲛⲟⲕ ⲅⲉⲱⲣⲅⲉ ϩⲉⲣⲉ ϯⲟ (ⲛⲙⲉⲧ)ⲣⲉ.

---

[1] ⲧⲉⲙⲟⲥⲓⲟⲛ ou ⲇⲉⲙⲟⲥⲓⲟⲛ est, comme nous l'avons dit, le mot dont on se sert d'ordinaire pour l'impôt foncier. Sa mention nous prouve que, comme dans l'acte précédent, il s'agit d'aviser aux moyens de payer l'impôt de Saint-Jérémie : notons que ce mot ⲇⲏⲙⲟⲥⲓⲟⲛ, employé d'ordinaire pour l'impôt direct des terres, servait aussi pour l'impôt direct de la capitation. Aussi nous trouvons dans un document copte (*Zoega*, p. 115) à propos de Julien l'Apostat : ⲛⲉⲟⲩⲟⲛ ⲟⲩϣⲏⲣⲓ ⲛⲧⲉ ⲧⲥⲱⲛⲓ ⲛⲕⲱⲥⲧⲁⲛⲧⲓⲛⲟⲥ ⲡⲓⲛⲓϣϯ ⲉⲡⲉϥⲣⲁⲛ ⲡⲉ ⲓⲟⲩⲗⲓⲁⲛⲟⲥ ⲉⲟⲩⲁⲛⲟⲙⲟⲥ ⲡⲉ ϧⲉⲛ ⲧⲉϥⲅⲛⲱⲙⲏ ⲉϥⲙⲉ ⲛϯⲙⲉⲧϣⲁⲙϣⲉⲓⲇⲱⲗⲟⲛ. ⲫⲁⲓ ⲇⲉ ⲉⲧⲁϥⲛⲁⲩ ⲉⲣⲟϥ ⲛϫⲉ ⲕⲟⲥⲧⲟⲥ ⲡⲟⲩⲣⲟ ϫⲉ ⲉϥⲟⲓ ⲛⲁⲛⲟⲙⲟⲥ ⲙⲡⲁⲓⲣⲏϯ ⲁϥⲧⲏⲓϥ ⲉϯⲉⲕⲕⲗⲏⲥⲓⲁ. ⲁⲩⲁⲓϥ ⲛⲇⲓⲁⲕⲟⲛⲟⲥ ϫⲉ ⲁⲣⲏⲟⲩ ϥⲛⲁϣⲓⲃϯ ⲛⲧⲉϥⲅⲛⲱⲙⲏ ⲉϥϩⲱⲟⲩ. ⲉⲧⲁϥⲙⲟⲩ ⲇⲉ ⲛϫⲉ ⲕⲟⲥⲧⲟⲥ ⲁϥϩⲱⲗⲉⲙ ⲛϯⲙⲉⲧⲟⲩⲣⲟ ⲛϫⲉ ⲡⲓⲁⲥⲉⲃⲏⲥ ⲉⲧⲉⲙⲙⲁⲩ ⲓⲟⲩⲗⲓⲁⲛⲟⲥ ⲟⲩⲟϩ ⲥⲁⲧⲟⲧϥ ⲁϥϩⲓⲧⲟⲧϥ ⲉϯⲙⲉⲧϩⲉⲗⲗⲏⲛⲟⲥ ⲉⲁϥⲟⲩⲱϣ ⲉⲗⲟⲩⲱⲛ ⲙⲫⲣⲟ ⲛⲛⲓⲉⲣⲫⲏⲟⲩⲓ ⲛⲕⲉⲥⲟⲡ ⲟⲩⲟϩ ⲉⲧⲟⲩⲛⲟⲥ ϩⲁⲛⲛⲓϣϯ ⲛϧⲓⲥⲓ ⲛⲛⲓⲭⲣⲓⲥⲧⲓⲁⲛⲟⲥ. ⲛⲁϥϫⲱⲙⲙⲟⲥ ϧⲉⲛ ⲧⲉϥⲡⲁⲣⲁⲛⲟⲙⲓⲁ ϫⲉ ϯⲛⲁⲧⲟⲩⲛⲟⲥ ⲃⲁⲥⲁⲛⲟⲥ ⲙⲉⲛ ⲁⲛ ⲉϫⲉⲛ ⲛⲓⲭⲣⲓⲥⲧⲓⲁⲛⲟⲥ ϫⲉ ⲛⲛⲟⲩϣⲟⲩϣⲟⲩ ⲙⲙⲱⲟⲩ ϫⲉ ⲁⲛⲉⲣ ⲙⲁⲣⲧⲩⲣⲟⲥ ⲁⲗⲗⲁ ϯⲛⲁⲧϩⲉⲙⲕⲱⲟⲩ ϧⲉⲛ ⲛⲓⲇⲏⲙⲟⲥⲓⲟⲛ ϣⲁⲧⲟⲩϫⲱⲗ ⲉⲃⲟⲗ ⲙⲫⲏ ⲉⲧⲁⲩⲉⲣⲥⲧⲁⲩⲣⲱⲛⲓⲛ ⲙⲙⲟϥ. ⲟⲩⲟϩ ⲡⲁⲓⲣⲏϯ ⲁϥⲥϧⲁⲓ ⲉⲃⲟⲗ ϧⲉⲛ ⲧⲉϥⲙⲉⲧⲟⲩⲣⲟ ϫⲉ ⲫⲏ ⲉⲧⲛⲁϣⲉⲙϣⲓ ⲛⲛⲟⲩϯ ⲉϥⲉϯ ⲛⲟⲩⲗⲟⲕⲕⲟⲧⲓⲛⲟⲥ ⲛϯⲣⲟⲙⲡⲓ. ⲫⲏ ⲉⲧⲛⲁϣⲉⲙϣⲓ ⲙⲫⲏ ⲉⲧⲁⲩⲉⲣⲥⲧⲁⲩⲣⲱⲛⲓⲛ ⲙⲙⲟϥ ⲉϥⲉϯ ⲛⲅϯ ⲛⲟⲩⲅⲅⲓⲁ ⲛⲛⲟⲩⲃ : « Il y avait un fils de la sœur de Constantin le Grand, dont le nom était Julien, qui, intérieurement, était un impie et aimait l'idolâtrie. L'empereur Costos (*sic*) ayant vu qu'il

« ☩ George, Ounnofre, Jérémie, Abécémon, Ména, Apollon, « nous écrivons à notre seigneur et père Apa David, prêtre « archimandrite et hégumène du monastère de Saint-Jéré- « mie, à savoir : Nous cautionnons entre tes mains. . . . . . « . . . . , ... pour lui (le « monastère), et en toutes choses en dehors de lui, pour « son impôt et pour toute chose. Des frères en témoignent : « moi, Cosme Djimous, je suis témoin ; moi, George Xeré, je « suis témoin ».

N° 3.

. . . . ⲙⲟⲛⲁⲥⲧⲏⲣⲓⲟⲛ ⲉⲧⲟⲩⲁⲁⲃ (ⲛⲁⲡⲁ ⲓⲉⲣⲉⲙⲓ)ⲁⲥ ⲙⲡⲧⲟⲟ(ⲩ) ⲙⲙⲉϥⲉ ϫⲛϣⲧⲱⲣⲓ[1] ⲛ. . . . . . .ⲕⲩⲣ. . . ⲉⲕⲉⲗ. . . . . . . ⲉⲕⲩⲙⲉ[2] ⲁⲩ'ⲱ . . . .(ϣⲧ)ⲱⲣⲓ ⲙⲙⲟϥ ϩⲛ ϩ'ⲱϥ ⲛⲓⲙ ⲉⲧⲁⲓ[3] ⲛⲥⲁⲃⲟⲗ ⲙⲙⲟϥ

« était impie de cette façon, le donna à l'Église. On le fit diacre, espé- « rant qu'il changerait. Mais, lorsque mourut l'empereur Costos, « cet impie Julien s'empara de l'empire, et aussitôt il embrassa « l'hellénisme et voulut ouvrir de nouveau les portes des temples des « idoles et tourmenter les chrétiens. Il disait, dans son impiété : je « n'emploierai pas de supplices contre les chrétiens, de peur qu'ils ne « se glorifient en disant : « Nous sommes des martyrs »; mais je les « opprimerai à l'aide des *δημοσιον*, jusqu'à ce qu'ils renient le « Crucifié. Il écrivit donc dans tout son empire : « Celui qui ho- « norera les Dieux payera un holocot par an; mais celui qui adorera « le Crucifié donnera trois onces d'or ».

[1] **ϫⲛϣⲧⲱⲣⲓ** pour **ϫⲉ ⲛϣⲧⲱⲣⲓ**. (Voir le dictionnaire de Peyron à l'article **ϫⲉ**.

[2] **ⲕⲩⲙⲉ** pour **ⲕⲏⲙⲉ**.

[3] **ⲉⲧⲁⲓ** pour **ⲉⲧⲉ** (Voir les papyrus suivants). Cette construction est tout à fait barbare. Notons plus haut **ϩⲱϥ** pour **ϩⲱⲃ**.

......ⲉⲣⲉ ⲡⲟⲩⲣⲟ ⲛⲁϩⲟⲣⲉⲥ [1] ⲙⲟϥ ⲉϫⲱϥ ⲁⲩⲱ ⲉⲛⲟ ⲛⲡϥⲡⲣⲟⲥⲱⲡⲟⲛ [2] ϩⲛ ⲙⲁ ⲛⲓⲙ ⲉⲃⲁϥϣⲕ [3] ⲉⲣⲟϥ ⲁⲩⲱ ⲉⲣⲉ [4] ϩⲁⲛ..... (ⲡⲣ)ⲟⲥⲱⲡⲟⲛ ⲉⲩⲟ ⲛⲙⲉⲧⲣⲉ ⲁⲛⲟⲕ ⲙⲏⲛⲁ ⲁⲗⲝⲁⲓ ϯⲟ ⲛⲙⲉⲧⲣⲉ.

† ⲉⲅⲣ. ⲙ, ⲡⲁⲫⲓ Η ιⲛⲇ Γ [5] †.

(Nous, un tel, un tel, un tel, nous écrivons à l'apa David, hégumène [6]) « du monastère de Saint-Jérémie, de la montagne de Memphis, à savoir : Nous le cautionnons..... « dans le pays d'Egypte et en dehors de lui (pour l'impôt) « que l'empereur fixera à sa charge, et nous sommes ses « ayants-cause en tout lieu où il ira. Et des personnes sont « témoins : moi, Mena Alxai, je suis témoin.

« Ecrit le 8 du mois de Paophi, indiction 3ᵉ.

N° 4.

† ϩⲛ ⲡⲣⲁⲛ ⲙⲡⲛⲟⲩⲧⲉ....... ⲁⲡⲁ ϩⲱⲣⲓⲟⲛ ⲙⲉⲛ ⲡⲁⲡⲁ ⲓⲱⲁⲛⲛⲏⲥ ⲁⲛⲟⲛ ϩⲁ. . .

---

¹ ϩⲟⲣⲉⲥ pour ϩⲟⲣⲓϫⲉ.

² Mot à mot : « Nous sommes sa personne ». Le ⲡⲣⲟⲥⲱⲡⲟⲛ répond à la *persona* des Latins, et a, dans les papyrus de Boulaq, de Londres et de Paris, un rôle à la fois actif et passif.

³ ⲉⲃⲁϥϣⲕ pour ⲉϥⲉⲃⲱⲕ. (Voir, pour les commutations des lettres ⲃ et ϥ, notre troisième article des *Mélanges d'archéologie Égyptienne.*)

⁴ ϩⲁⲛ est la forme memphitique correspondant au ϩⲉⲛ thébain.

⁵ Cette date est, on le voit, écrite en grec. L'écriture en est cursive, Le ⲙ est une abréviation de *μην*, mois.

⁶ Nous suppléons tout le commencement de la phrase d'après les formules habituelles.

ⲙⲡⲙⲟⲛⲁⲥⲧⲏⲣⲓⲟⲛ. . . . . ⲙⲛ ⲡⲉⲛⲙⲁⲓ-ⲛⲟⲩⲧⲉ ⲛⲓⲱⲧ. . . . . (ⲇⲁⲩ)ⲇ ⲡⲣⲏⲥ. . . ⲫⲉⲅⲟⲩⲙⲉⲛⲟⲥ ϫⲉ ⲛϣⲧⲱⲣⲓ ⲛⲁⲕ ⲡⲓⲛⲱⲭ ϩⲱⲣⲓⲟⲛ. . . ⲕⲏⲙⲉ ⲁⲩⲱ ⲛϣⲧⲱⲣⲓ ⲙⲙⲟϥ ϩⲛ ϩⲱⲃ ⲛⲓⲙ. . . ⲁⲩⲱ ⲡⲉⲣⲉ [1] ⲡⲟⲩⲣⲟ ⲛⲁϩⲟⲣⲉⲥ ⲙⲟϥ ⲉϫⲱϥ ϩⲛ ⲙⲁ ⲛⲓ(ⲙ). . . ⲁⲩⲱ ⲉⲣⲉ(ϩⲛⲅⲉ) ⲡⲣⲟⲥⲱⲡⲟⲛ ⲟ ⲛⲙⲉⲧⲣⲉ ⲉⲧⲁⲓ [2] ⲛⲁⲓ ⲛ. . . ⲁⲛⲟⲕ ϥⲓ(ⲕⲧ)ⲱⲣ ⲉⲓⲥⲁⲕ ⲇⲓ ⲟ ⲛⲙⲉⲧⲣⲉ † ⲁⲛⲟⲕ ⲓⲱⲥⲏⲫ ⲁⲛⲟⲕ ⲙⲏⲛⲁ ⲁⲗⲝ [3] ⲁⲓ ⲥⲁⲓ ⲛⲧⲁϫⲓϫ Ϯⲟ ⲛⲙⲉⲧⲣⲉ † ⲉⲩⲣ ⲙ. . .

« † Au nom (de Dieu, nous Pinoch) apa Orion et papa Jean, « nous tous, (moines) du monastère (de Saint-Jérémie, du mont « de Memphis, nous convenons) avec notre père aimant Dieu, « apa David, prêtre, archimandrite et hégumène, à savoir :

---

[1] ⲡⲉⲣⲉ ⲡⲟⲩⲣⲟ ⲛⲁϩⲟⲣⲉⲥ ⲙⲟϥ pour ⲡⲉⲧⲉⲣⲉ ⲡⲣⲣⲟ ⲛⲁϩⲟⲣⲓⲍⲉ ⲙⲙⲟϥ. Ces sortes de fautes sont fréquentes dans nos actes de Memphis et montrent que le scribe tenait plus compte de la prononciation que de l'orthographe et de l'étymologie.

[2] ⲉⲧⲁⲓ ⲛⲁⲓ ⲛ... pour ⲉⲧⲉ ⲛⲁⲓ ⲛ(ⲉ ⲛⲉⲩⲣⲁⲛ). Voir l'acte suivant. Même réflexion que dans la note précédente. On sait que ⲁⲓ se prononce ⲉ et que les Memphites l'orthographiaient même ainsi jusque dans les mots grecs. Ici, c'est le contraire qui s'est produit.

[3] Les dernières lettres du nom ⲁⲗⲝⲁⲓ que nous rencontrons dans plusieurs de nos actes ont été ici omises à cause de la présence des mêmes lettres commençant le mot suivant. ⲁⲗⲝⲁⲓⲥⲁⲓ ⲛⲧⲁϫⲓϫ est pour ⲁⲗⲝⲁⲓ ⲁⲓ ⲥϩⲁⲓ ⲛⲧⲁϭⲓϫ. Le *hori* de ⲥϩⲁⲓ, étant presque insensible dans la prononciation, a été omis.

« nous sommes caution pour toi, nous Pinoch, Horion (et « papa Jean..... (dans le pays d') Egypte, et nous le (sic) cau- « tionnons en toutes choses..... et pour ce que l'empereur « fixera à sa charge en tout lieu. Et des personnes sont té- « moins, dont voici les noms : Moi, Victor Isac, je suis témoin; « ☩ moi, Joseph, (je suis témoin); moi, Mena Alxai, j'ai écrit « de ma main et je suis témoin.

« Ecrit dans le mois de..... »

N° 5.

(☩ ϩⲙ ⲡⲣⲁⲛ) ⲙⲡⲛⲟⲩⲧⲉ ⲛϣⲟⲣⲉⲡ ⲁ(ⲛⲟ)ⲕ..... ⲙⲛ ⲕⲁⲗⲓⲡⲉⲭⲉ ⲁⲛⲟⲩⲡ ⲁⲛⲟⲛ ϩⲁ[1]..... ⲛⲉⲥⲧⲓⲅⲓ ⲛⲧⲏ[2] ϩⲓⲧⲟⲟⲧϥ ⲛⲁⲡⲁ ⲇⲁⲩⲇ ⲡⲣⲉ..... ⲁⲩⲱ ⲫⲉⲅⲟⲩⲙⲉⲛⲟⲥ ⲙⲡⲙⲟⲛⲁⲥⲧⲏⲣⲓⲟⲛ..... ⲛⲡⲧⲟⲟⲩ ⲙⲙⲉⲃⲉ ϫⲉ ⲛϣⲧⲱⲣⲓ ⲛⲁⲕ ϩⲛ..... (ⲕⲧⲓⲥⲓ) ⲅⲉⲗⲓ[3] ⲛⲁϥ ⲉⲕⲧⲙⲉ ⲁⲩⲱ ⲛϣⲧⲱⲣⲓ ⲙⲙⲟϥ ϩⲛ

---

¹ ⲀⲚⲞⲚ ϨⲀ est un memphitisme ; lire ⲀⲚⲞⲚ ϦⲀ. (Voir *Peyron*, à l'article ϦⲀ.)

² ⲚⲈⲤⲦⲒⲄⲒ ⲚⲦⲎ pour ⲚⲈⲦⲤⲦⲒⲄⲒ ⲚⲦⲎ, ou plus correctement ⲚⲈⲦⲤⲦⲞⲒⲬⲈⲒ ⲚⲦⲎ (Comparez ⲠⲈⲢⲈ ⲠⲞⲨⲢⲞ ⲚⲀϨⲞⲢⲈⲤ pour ⲠⲈⲦⲈⲢⲈ ⲠⲞⲨⲢⲞ, etc.). Quant à ⲤⲦⲞⲒⲬⲈⲒ, c'est le mot signifiant *souscrire* dans les papyrus greco-coptes de cette époque. ⲚⲦⲎ précise encore ce sens, car il signifie *ici*. (Voir *Peyron*, à l'article ⲦⲎ).

³ ⲄⲈⲖⲒ, ce mot fait partie de la formule ⲚⲀⲒⲚⲒⲀ ⲚⲈⲚⲞⲨⲞⲒ ⲚⲔⲦⲒⲤⲒ ⲔⲈⲖⲒ ⲚⲀϤ (voir le papyrus n° 2), ou est simplement, comme dans le papyrus n° 6, pour ⲈⲚⲔⲦⲒⲤⲒ ⲔⲈⲖⲒ ⲚⲀϤ.

ϩⲱⲃ ⲛⲓⲙ... ⲃⲟⲗ ⲙⲙⲟϥ ⲁⲩⲱ ⲡⲉⲣⲉ[1] ⲡⲟⲩⲣⲟ ⲛⲁϩⲟⲣⲉⲥ ⲙⲟϥ ⲉϫⲱϥ..... ⲉⲛⲟ ⲛⲡⲉϥⲣⲟⲥⲱⲡⲟⲛ ϩⲛ ⲙⲁ ⲛⲓⲙ ⲉϥⲁⲃⲱⲕ[2]... ⲁⲩⲱ ⲉⲣⲉ ⲁⲛ[3] (ⲅⲉ)ⲡⲣⲟⲥⲱⲡⲟⲛ ⲉⲧⲟ ⲛⲙⲉⲧⲣⲉ ⲉⲧ(ⲁⲓ ⲛⲁⲓ ⲛⲉ) ⲛⲉⲩⲣⲁⲛ ⳨ ⲁⲛⲟⲕ ⲁⲃⲣⲁⲁⲙ ⲁⲧⲟⲕ ⳨ ⲟ ⲛⲙⲉⲧⲣⲉ ⳨ ⲁⲛⲟⲕ ⲇⲁⲛ... ⳨ⲣ ⲙⲉⲧⲣⲉ ⳨ ⲁⲛⲟⲕ ⲙⲏⲛⲁ ⲁⲗⲝ(ⲁⲓ) ⲧⲓⲧⲏⲭⲉ ⳨⳨.

« Au nom de Dieu, d'abord, moi..... (et moi) Calipeche « Anoub, nous tous..... qui souscrivons ici nous disons à « l'apa David, prêtre (archimandrite) et hégumène du mo- « nastère de (Saint-Jérémie) du mont de Memphis, à savoir : « Nous cautionnons pour toi. . . . .

« . . . .

« dans le pays d'Egypte, et nous le cautionnons pour toute « chose en dehors de lui et pour ce que l'empereur fixera à « sa charge, et nous sommes ses ayants cause en tout lieu « où il ira. Et d'autres personnes sont témoins, dont voici « les noms : moi, Abraham Atok, je suis témoin ; moi, Da- « niel, je suis témoin ; moi, Mena Alxai, je souscris ✝..... ».

---

[1] ⲡⲉⲣⲉ ⲡⲟⲩⲣⲟ ⲛⲁ ϩⲟⲣⲉⲥ pour ⲡⲉⲧⲉⲣⲉ ⲡⲟⲩⲣⲟ. . . . (voir le papyrus précédent).

[2] ⲉϥⲁⲱⲕ pour ⲉϥⲉⲃⲱⲕ. Comparez ⲉⲃⲁϥⲱⲕ dans le papyrus n° 3.

[3] ⲁⲛ est un memphitisme pour ϩⲁⲛ (ϩⲉⲛ en thébain). Entre cet article indéfini et le substantif, il ne peut guère venir que ⲕⲉ « autres ». En effet, le ⲅ qui vient après semble remplacer un ⲕ.

N° 6.

ϩⲙ ⲡⲣⲁⲛ ⲉⲙⲡⲛⲟⲩⲧⲉ ⲛϣⲟⲣⲉⲡ ⲁⲛⲟⲕ
ϩⲏ... ⲕⲟⲗⲑⲉ... ⲙⲛ ⲓⲱϩⲁⲛⲏⲥ ⲁⲡⲁ ⲕ(ⲓ)ⲣⲉ
ⲛⲥϩⲁⲓ ⲉⲙⲡⲙⲁⲓⲛⲟⲩⲧⲉ ⲛⲓⲱⲧ ⲁⲡⲁ ⲇⲁⲩⲇ...
(ⲡⲁⲣ)ⲭⲏⲙⲁⲛⲇⲣⲓⲧⲏⲥ ⲫ(ⲉ)ⲕⲟⲩⲙⲉⲛⲟⲥ
ⲙⲡⲙⲟⲛⲁⲥⲧⲏⲣⲓⲟⲛ ⲛⲁⲡⲁ ⲓⲉⲣⲉⲙⲓⲁⲥ ⲛⲙⲉⲃⲉ
ϫⲉ ⲉⲛϣⲧⲱⲣⲓ (ϩⲓⲧⲟⲟ)ⲧⲉϥ ⲛⲧⲉⲕⲙⲉⲧⲓⲱⲧ
ⲛⲥⲉⲣⲙ... ⲓⲁⲕⲱⲃ[1] ⲉⲡⲉϥⲇⲏⲙⲟⲥⲓⲛ[2] ⲙⲙ[3]
ⲡⲉⲣⲉ ⲡⲉⲣⲟ ⲛⲁϩⲟⲣⲓⲥⲉ ⲙⲟϥ ⲉϫⲟϥ ⲉⲛⲕⲧⲓ-
(ⲥⲓ) ⲕⲉⲗⲓ ⲛⲁϥ[4]. ⲉⲩⲱⲣⲉϫⲟⲩⲛ[4] ....
ⲛⲧⲉⲕⲙⲉⲧⲓⲱⲧ ⲉⲣⲉ... ⲕⲉⲥⲛⲏⲩ.......
ⲁⲛⲟⲕ... ⲛⲓⲁⲕⲱⲃ ⲡⲁⲩⲗ... ⲙⲛ ⲁⲃⲣⲁ.......
ⲡⲟⲩ... ⲧⲉⲛⲟ ⲛⲙⲉⲧⲣⲉ.

« Au nom de Dieu, d'abord, moi, Elie Colthe..... et Jean,
» apa Kire, nous écrivons au père aimant Dieu, apa David,
« (prêtre), archimandrite et hégumène du monastère de Saint-
« Jerémie de Memphis, à savoir : Nous sommes caution pour

---

1 ⲇⲏⲙⲟⲥⲓⲛ pour ⲇⲏⲙⲟⲥⲓⲟⲛ. Ce genre d'abréviation est très-fréquent dans les inscriptions grecques de Syrie.

2 ⲙⲙⲡⲉⲣⲉ ⲡⲟⲩⲣⲟ ⲛⲁϩⲟⲣⲓⲥⲉ pour ⲙⲛ ⲡⲉⲧⲉⲣⲉ ⲡⲟⲩⲣⲟ ⲛⲁ ϩⲟⲣⲓⲍⲉ. (Voir les papyrus précédents.)

3 ⲉⲛ ⲕⲧⲓⲥⲓ ⲕⲉⲗⲓ ⲛⲁϥ. (Voir ce que nous avons dit de cette locution à propos du papyrus n° 2 et du papyrus n° 5.)

4 ⲉⲩⲱⲣⲉϫⲟⲩⲛ. (Voir le papyrus n° 1.)

« ta paternité..... Jacob [1], pour son impôt et pour ce que « l'empereur fixera à sa charge.................................... « En garantie..... pour ta paternité, d'autres frères sont té- « moins : Moi,..... Jacob, Paul..... et Abraham....., nous « sommes témoins..... »

N° 7.

† ϩⲙ ⲡⲣⲁⲛ ⲙⲡⲛⲟⲩⲧⲉ ⲛϣⲟⲣⲡ ⲁⲛⲟⲕ ⲕⲱⲥⲙⲁ ⲁⲡⲁ ϩⲱ(ⲣⲓⲟⲛ)... ⲙⲛ ⲙⲱⲏⲥⲏⲥ ⲁⲡⲁ ⲥⲓⲣⲉ ⲛⲙⲙⲟⲛⲟⲭⲟⲥ ⲛⲁⲡⲁ ⲓⲉ(ⲣⲏⲙⲓ)ⲁⲥ ⲙⲙⲉⲃⲉ ⲛⲥϩⲁⲓ ⲙⲡⲙⲁⲓⲛⲟⲩⲧⲉ ⲛⲓⲱⲧ ⲁⲡⲁ ⲇⲁⲇ ⲡⲉⲡⲣⲉⲥⲃⲏⲧⲉⲣⲟⲥ ⲡⲁⲣ̀ⲭⲏⲙⲁⲛⲇⲣⲓⲧⲉⲥ ⲙⲡ(ⲙⲟⲛⲁⲥ)ⲧⲏⲣⲓⲟⲛ ⲛⲟⲩⲱⲧ ϫⲉ ⲛⲁⲱⲣⲣⲓⲍⲉ ..... ⲙⲛⲁⲓⲇⲕⲟⲛⲓⲁⲛ.... ⲛⲁⲕ... ⲉⲣⲉϩⲛⲕⲉ ⲡⲣⲟⲥⲱⲡⲟⲛ ⲣ̄ⲙⲛⲇⲣⲉ ⲉⲧⲉ ⲛⲁⲓⲛⲉ † ⲁⲛⲟⲕ ⲡⲁⲧⲣ̄ⲙⲟⲩⲧⲉ.... ⲥⲁⲛⲉ † ⲟⲙⲛⲇⲣⲉ. .....

« Au nom de Dieu, d'abord, moi, Cosme, apa Horion et « Moyse, apa Cyre, moines de Saint-Jérémie de Memphis,

[1] Ce nom de Jacob est ici assez étrange. Il est certain que ce cautionnement est fait, ainsi que les précédents, en faveur du prêtre David, archimandrite de Saint-Jérémie. C'est pour cela qu'on trouve plus loin : « En garantie pour ta paternité ». Il est donc probable que Jacob était le coadjuteur de l'apa David, comme Enoch, fils de Pierre, de l'archimandrite Kire dans l'acte de Pachanus. Il avait peut-être le titre d'*économe*, car nous trouvons dans le papyrus grec analysé par nous un économe (*οικονομος*) parmi les personnes chargées de représenter le monastère de Saint-Jérémie.

« nous écrivons au père aimant Dieu, apa David, prêtre
« archimandrite du même monastère, à savoir : nous don-
« nons..... D'autres personnes sont témoins, Moi Patermoute
« ..... sane....., je suis témoin..... »

N° 8.

,...... ⲃⲁ........ ⲡⲡⲁⲣ........ ⲗⲟⲥ...
... ϣⲧⲱⲣⲉ ⲛⲧⲟⲟⲧⲕ ⲛ... ⲛⲱϫ... ⲧⲉ-ⲕⲏⲙ(ⲉ) ⲁⲛⲟⲛ... ϩⲓⲃⲛⲓ (ⲙ) ⲛⲥⲁⲃⲟⲗ ⲙⲙⲟϥ ⲉⲡⲱⲣϫⲟⲩⲛ ⲛⲧⲕⲙⲉ ⲁⲛⲥⲙⲧⲓ ϩⲟⲙ(ⲟⲗⲟ)ⲅⲓⲁ ⲛⲥⲧⲟⲓⲭⲉⲓ ⲉⲣⲟⲥ ⲁⲛⲟⲕ..... ⲁⲓⲥϩⲁⲓ ⲧⲓⲟⲙⲛⲧⲣⲉ ⲡⲁⲱⲫⲓ ⲅ.

« ..... nous cautionnons..... en dehors de lui. En garantie
« pour ta (paternité, nous avons fait cette reconnaissance, et
« nous y souscrivons, moi..... j'ai écrit et je suis témoin.
« Paophi 3. »

La plupart des sept derniers actes, que nous venons d'étudier, ont été écrits par un seul et même scribe, qui s'appelait Mena Alxai et signait le dernier, comme c'était l'habitude en cas pareil. Aussi retrouvons-nous dans toutes ces pièces les mêmes fautes contre la grammaire et la syntaxe.

Notons cependant qu'en dehors des négligences tenant à l'ignorance du scribe, nos actes accusent une tendance bien nette au memphitisme. C'est là un fait fort curieux et qui donne à ces pièces une valeur considérable, car jusqu'ici, elles

---

[1] Voir ce que j'ai dit à la fin de mon premier article, dans les mélanges d'archéologie égyptienne.

sont uniques dans leur genre. Par une étrange fatalité, le dialecte memphitique, auquel les Grecs semblent avoir emprunté, dès une époque fort antique, la plupart des mots égyptiens et même des noms de mois qu'ils nous ont transmis, ne nous offre, jusqu'ici, aucun ancien manuscrit. Ceux qui remontent le plus haut sont seulement du xe siècle, c'est-à-dire bien postérieurs à l'invasion arabe. Il est donc fort intéressant de retrouver un certain nombre de memphitismes dans des pièces du temps de la domination impériale et qui, par une bonne fortune singulière, ont justement été rédigés *à Memphis.* Mais il ne faudrait pas trop s'exagérer la portée de ce fait, car un de nos actes de même provenance (celui de Pachanus), est en thébain presque pur, et la plupart des autres ont, à côté de leurs memphitismes, des thébanismes non moins évidents. Au point de vue grammatical et syntaxique, on peut même dire qu'ils sont en thébain, mais en thébain mélangé de mots memphitiques.

NOTA. — Lors de la rédaction de ce travail, l'auteur avait adopté la méthode d'Amédée et de Bernardin Peyron qui n'accentuent jamais le grec des papyrus. Mais, à l'imprimerie, après le bon à tirer, on a accentué, à tout hasard, en dehors de l'auteur, les passages grecs qui ne l'étaient pas. De plus, le travail a été scindé et publié en deux fois, dans deux volumes différents, et, à cause de la réunion prochaine du Congrès de Saint-Pétersbourg, on n'a pu corriger en aucune manière les pages qui précèdent immédiatement la seconde partie. Enfin certaines feuilles même de la seconde partie ont été tirées sans bon à tirer. Par suite de ces circonstances, et d'autres encore également étrangères à lui, M. Révillout constate avec peine un grand nombre de fautes que sa mission en Hollande, Allemagne, etc., ne lui ont pas laissé le temps de corriger dans un *erratum*. Il se recommande donc à la bienveillante indulgence du lecteur.

www.ingramcontent.com/pod-product-compliance
Ingram Content Group UK Ltd.
Pitfield, Milton Keynes, MK11 3LW, UK
UKHW020239180726
13839UKWH00001B/74

9 782329 361901